Hanna Ahrens

Das Herz hergeben
oder
Wie Leben gelingen kann

Gespräche mit
Dieter Kürten – Witta Pohl – James Decker
Helen Donath – Eike Christian Hirsch
Gertrud Künner – Reimer Speck
Elisabeth Lewertoff – Karl Gaspar – Eckart Dugge
Johannes Bours – Käte Brandt

BRUNNEN VERLAG GIESSEN/BASEL

ABCteam-Bücher erscheinen in folgenden Verlagen:
Aussaat- und Schriftenmissions-Verlag Neukirchen-Vluyn
R. Brockhaus Verlag Wuppertal
Brunnen Verlag Gießen
Bundes Verlag Witten
Christliches Verlagshaus Stuttgart
Oncken Verlag Wuppertal

CIP-Kurztitelaufnahme der Deutschen Bibliothek

Das Herz hergeben
oder wie das Leben gelingen kann /
Hanna Ahrens. Gespräche mit
Dieter Kürten . . . – 2. Aufl. –
Giessen; Basel: Brunnen-Verlag, 1986.
(ABC-Team; 365: Berichte, Erzählungen, Lebensbilder)
ISBN 3-7655-2365-8
NE: Ahrens, Hanna [Hrsg.];
Kürten, Dieter [Mitverf.]; GT

1. Auflage Januar 1986
2. Auflage Mai 1986

© 1986 Brunnen Verlag Gießen
Umschlagfoto: Hanna Ahrens
Umschlaggestaltung: Martin Künkler
Satz: Jung EDV + Werksatz, Lahnau
Herstellung: St.-Johannis-Druckerei, Lahr

INHALT

VORWORT

In diesen Gesprächen mit Menschen ganz unterschiedlicher Berufe ging es darum: Wie gehören Glaube und Leben für Sie zusammen? Woher kommt Ihre Lebenskraft? Was freut Sie? Was macht Sie traurig? Was hilft bei Depressionen? Können Sie mit Gott reden? Antwortet er?

Und das Geheimnis ihres Lebens – in Glück und Gelingen oder auch im Ertragen von Leiden – war dies: Wer sich von Gott lieben läßt, kann leben. Er kann in Gelassenheit leben und sein Herz hergeben für andere.

Für diese sehr offenen Gespräche danke ich meinen Dialogpartnern. Sie haben nicht nur ihre Zeit verschenkt, sondern ein Stück von sich selbst preisgegeben, um das, wovon sie leben, mit anderen zu teilen.

Hanna Ahrens

Dieter Kürten

Angstfrei leben

DIETER KÜRTEN wurde am 23. April 1935 in Duisburg am Rhein geboren. Sein Vater war Journalist, sein Großvater Bäcker. Er selbst wäre auch gern Bäcker geworden. Aber: Journalist durfte er nicht werden, weil das solch ein „Halunkenberuf" sei, und Bäcker nicht, weil Bäcker ja morgens um halb drei aufstehen müßten, um für andere Leute Brötchen zu backen. So wurde er Speditionskaufmann. Nach dem Tod seines Vaters wählte er dann aber doch den Journalistenberuf und arbeitete fünf Jahre beim „Düsseldorfer Mittag". Dort hat er sein Handwerk gelernt. Im März 1963 ging Dieter Kürten zum ZDF, also noch vor dem 1. April 1963, dem ersten Sendetag.

Obwohl er kein Sportjournalist war, kam er über den Sport zum ZDF. Dem Sport hatte schon immer seine große Liebe gehört. So spielte er zehn Jahre Fußball, Tischtennis u. a. Auf dem Gebiet des Sports wollte er sich einmal umsehen, um dann herauszufinden, was ihm besonders gut liegt. Aber dann war die Atmosphäre in der Sportredaktion so gut, daß er blieb. Nirgendwo sonst hat er sich so wohlgefühlt und so gern gearbeitet. Seit 22 Jahren ist Dieter Kürten nun Sportredakteur beim ZDF und seit dem 1. Januar 1984 Sport-chef.

In seiner Doppelrolle als Chef seiner achtzig Mitarbeiter und Sport-studio-Moderator ist er sehr stark beansprucht. „Das Leben ist an-strengend, aber schön", findet er. Seine Kraft, um Streß und Hektik zu ertragen, kommt aus seinem Glauben und daraus, daß seine Freunde und vor allem seine Familie immer für ihn da sind. Dieter Kürten ist mit Gerlinde Klein verheiratet und hat zwei Töchter; Emily (10) und Dina (8).

H*err Kürten, wenn Sie im „aktuellen sportstudio" mit den jeweils eingeladenen Sportlern sprechen, geht es ja entwe-der um Siege, große Leistungen, Glück oder auch um Niederla-gen, Versagen und Enttäuschungen. Es hängt für Ihre Gäste sehr viel davon ab, wie Sie vor so vielen Zuschauern mit ihnen reden und sie präsentieren. Wie sehen Sie Ihre Rolle gegenüber den Sportlern?*

Eigentlich so, daß ich ihnen Mut mache. Ich spreche ja, wenn ich einen Gast einlade, vorher mit ihm am Telefon. Dann wird manchmal gefragt: „Wer moderiert denn?" Und ich habe es wohl noch nie erlebt, daß, wenn ich antwortete: „Ich mache es!", jemand gesagt hätte: „Dann komme ich nicht!" Häufig heißt es: „Dann komme ich besonders gern!" Das freut mich. Mir wird zwar von Kritikern vorgeworfen, ich sei zu verbindlich, zu „lieb". Aber ich denke immer, man kann gar nicht lieb genug sein. Natürlich versuche ich, kri-tisch zu sein, aber dennoch konstruktiv. Ich versuche, liebe-voll an Menschen heranzugehen, denn ich weiß, ich habe eine große Verantwortung. Es ist ja kein Gespräch im Priva-ten, sondern vor Millionen, und es hat in aller Regel ja auch Vorbildcharakter – sowohl mein Verhalten als auch das des Sportlers. Man sollte versuchen, menschlich miteinander umzugehen, und die Chance offenlassen, daß einer anstän-dig weiterleben kann.

*Was möchten Sie Ihren Zuschauern vermitteln? Es geht ja zu-
nächst um das Miterleben von interessanten Sportereignissen,
um das Dabeisein und Informiertwerden. Geht es um mehr?*

Was ich vermitteln möchte? Mehr Großzügigkeit! Oder einfach das Gefühl dafür, daß es alles mögliche auf der Welt
gibt. Viele Zuschauer leben von Klischees, haben ganz bestimmte Erwartungen und Vorstellungen. Ich möchte, daß
sie diese Klischees durchbrechen, daß sie sagen: „Das ist
zwar nicht meine Form, aber es ist seine Form, und ich lasse
ihn gelten!"

*Was viele Zuschauer sehr beeindruckt hat, war, daß Sie bei dem
Flugzeugabsturz, bei dem Hermann Schridde und seine Begleite-
rin ums Leben kamen, zuerst davon berichteten und nicht mit Informationen über das Fußballspiel begannen. Man spürte, daß
Sie selbst tief betroffen waren, was wiederum Betroffenheit bei
den Zuschauern auslöste.*

Ja, man will nicht nur Information, sondern menschliche Re-
aktion. Mich selbst hat dieses Unglück sehr getroffen, und
ich bin auch bereit, mein Gefühl den Menschen, die da sitzen, mitzuteilen. Ich müßte doch z. B. auch einmal sagen
können: „Also, mir geht es heute abend schlecht. Ich habe
40° Fieber, aber ich mache die Sendung trotzdem, weil ich so
schnell keinen Ersatzmann gefunden habe. Ich bin heute
abend nicht in Bestform, aber ich gebe mein Bestes, das müssen Sie mir glauben." Ich werde es nicht tun, aber man müßte
es tun dürfen. Und ich würde dann gern darauf hoffen, daß
die Menschen sagten: „Ja, wir tragen das mit!"

*In Ihren Sendungen müssen Sie sich auf viele Namen, Daten,
Zahlen und Ergebnisse konzentrieren. Sie müssen schnell und genau sein. Trotzdem wirken Sie locker, heiter, freundlich und ganz
natürlich. Wie schaffen Sie das vor der Kamera? Und wie schaffen
Sie es bei solchem Termindruck? Sie gehen ja nicht immer ausge-
ruht in eine Lifesendung.*

Ich weiß es nicht. Das muß Begabung sein. Ich kann es nicht erklären. Eines aber weiß ich: Auch wenn ich voll danebengreife, wenn etwas nicht gelingt – das muß mich nicht umbringen. Ich bin dann zwar traurig, weil ich gern etwas Gutes mache, aber es hebt mich nicht aus dem Sattel. Ich weiß, daß ich es anders kann. Es ist natürlich so, daß über die Jahre hinweg eine feste Basis wächst, auf der ich mich bewegen kann. Ich versuche, auf dem Bildschirm so zu sein, wie ich in natura bin. Das größte Kompliment ist immer, wenn Leute sagen: „Mensch, Sie sind ja im Normalumgang genauso wie auf dem Bildschirm!"

Wie gehen Sie mit dem täglichen Streß um, der ja hinter den Kulissen auch für Sie da ist?

Ich bin jetzt sehr stark strapaziert in meiner Doppelrolle als Sportchef meiner achtzig Mitarbeiter – um die ich mich kümmern muß und kümmern möchte – und als Moderator, auf den der Intendant nicht verzichten will. Ich kann also nicht etwa sagen: „Ich verschwinde in der Versenkung, um die Sendung vorzubereiten." Manchmal kann ich mich erst am Samstagnachmittag konzentriert auf die 75–80 Minuten Lifesendung am Abend vorbereiten. Ich bin natürlich bemüht, die Sendung während der Woche mitzubegleiten, die Vorbereitung anzulesen, mitzudenken und mitzumachen. Aber so, daß ich mich einmal zwei Tage zurückziehen könnte, um über Sendung und Gesprächspartner nachzudenken, ist es leider nicht. Darum bin ich zur Zeit ziemlich erschöpft.
Neue Kraft kommt für mich immer wieder aus dem Glauben. Ich schöpfe meine Kraft aus dem Glauben, und das heißt: aus meinem Sonntagskirchenbesuch, aus meinem Kontakt zu Gleichgesinnten und aus meiner Familie, die immer für mich da ist. Ich glaube auch, daß ich vieles ertragen kann, weil ich bereit bin, untere Wege zu gehen und mich selbst nicht so wichtig zu nehmen. Demut ist ganz wichtig. Wenn ich immer auf Selbstdarstellung und die vermeintliche Wichtigkeit der Person achtete... das ginge gar nicht. Ich würde

auch negativ auf meine Umgebung abstrahlen und meine Mitarbeiter ungerecht behandeln.

Herr Kürten, bei allem Erfolg und aller Beliebtheit gibt es manchmal auch kritische Äußerungen. Wie werden Sie damit fertig?

Das tut mir schon ein bißchen weh. Ich bin natürlich besorgt, daß man mich falsch sehen könnte. Ich möchte nicht mißverstanden werden. Nichts gegen Kritik, aber sie muß belegbar sein.

Und was macht Ihnen in Ihrem Beruf besondere Freude?

Der Umgang mit Menschen. Und – wenn ich es schaffe, eine komplizierte Sache zufriedenstellend zu lösen. Das macht Spaß!

Was empfinden Sie als schwierig?

Ich leide darunter, daß ich so wenig Bereitschaft zur Solidarität erkenne. Viele Menschen, die mich umgeben, sind nicht bereit, selbst auch etwas für die Gemeinschaft zu leisten. Sie stehen da und wollen bedient und versorgt werden. Das enttäuscht mich oft, weil ich denke, daß der einzelne sein Leben und seine Umgebung mitgestalten und an sich selbst arbeiten muß, daß er an andere denken und auf sie eingehen sollte. Das fällt vielen sehr schwer. Sie sind nicht aufmerksam genug, auch darin nicht, wie sie mit anderen umgehen, die Worte wählen und Urteile fällen. Es kostet viel Kraft, immer wieder Frieden zu stiften und auszugleichen.

Gibt es, wenn Sie an Ihre Kollegen denken, so etwas wie Machtkämpfe oder Konkurrenz?

Eigentlich nicht. Da sind natürlich Wettbewerbe im Gang, das ist klar. Und manchmal verlassen sie auch den Rahmen des für mich Vertretbaren. Man gebraucht schon dann und

wann die Ellbogen. Es ist ja immer sehr schwer: Der Grat zwischen gesundem Ehrgeiz und hemmungslosem, rücksichtslosem Sich-Durchboxen ist ganz schmal. Da muß man aufpassen und manchmal auch einschreiten und sagen: „Das geht mir zu weit... aus folgenden Gründen..."
Das kann anstrengend sein, ist aber auch sehr reizvoll – wie das ganze Leben. Konkurrenz gibt es natürlich – wie bei den Sportlern –, sonst könnte es keine Sieger und keine Ersten geben. Wichtig ist nur, daß es nicht meine Existenz, mein Leben als Ganzes, betrifft, wenn ich nicht Erster bin. Ich muß auch Zweiter, Dritter oder Zehnter sein können. Deshalb meine ich, muß man einen anderen Orientierungspunkt für sein Leben haben, wo man immer Erster ist – in seinem Glauben. Im Glauben weiß ich ganz genau: Bei Gott bin ich immer angenommen und immer gefragt. Ich kann all meine Sorgen und Belastungen da unterbringen – wie auf einer Insel. Ich habe solch eine Insel, von der ich weiß: Da kann mich keiner verdrängen, und dort kann mir keiner etwas anhaben. Das gibt mir eine ziemliche Sicherheit und ein angstfreies Verhalten. Ich empfinde es als besonders schön, daß ich mich jemandem in die Hand geben kann und weiß: Wenn alle dich verlassen und alle gegen dich sind – einer ist für dich!

Kommen solche Gewißheit und Geborgenheit aus bestimmten Lebens- und Gotteserfahrungen?

Ja, mein Leben als Ganzes ist eine solche Erfahrung: Ich habe immer die Freude an Gott. Und: Mir ist es noch nie schlecht ergangen. Es gab weder Hunger noch Krankheit, noch Lebensumstände, die mich zerstört hätten. Vielen Menschen geht es ja anders. Deshalb kann ich mich glücklich schätzen, und ich bin sehr dankbar. Natürlich bin ich auch schon traurig gewesen, als ich Menschen verloren habe, die mir nahestanden: meine Großeltern, meine Eltern, Freunde... Aber das ist die ganz normale irdische Trauer, die zum Leben gehört. Tod gehört zum Leben. Aber ein wirkliches Lebensunglück habe ich nicht erfahren. Davor habe ich manchmal ein bißchen Angst, weil ich nicht weiß, wie ich darauf reagiere. Ich mache mir Sorgen um meine Kinder, um meine Frau... Aber nun nicht so, daß ich von morgens bis abends in Angst lebe. Nur ab und zu, wenn ich wieder ein schweres Unglück miterlebe oder davon höre, denke ich: Das ist dir bisher erspart geblieben. Was machst du, wenn es nicht mehr so ist? Wirst du dann das, was du immer „predigst", auch leben können? Ich tröste mich dann damit, daß ich denke: Unser Leben ist nicht alles. Es ist ein Durchgangstor zum wirklichen Leben.

Predigen Sie manchmal?

Wenn ich solche Gedanken äußere, ist das ja noch keine Predigt. Ich dürfte predigen. Ein Pfarrer, mit dem ich eine Talkshow machte, lud mich ein, in seiner Kirche zu predigen. Aber das wollte ich nicht. Mir fehlt die Ruhe, eine Predigt gründlich zu erarbeiten, Gedanken zu sammeln und weiterzugeben. Außerdem: Viele Dinge, die sich in der katholischen Kirche abspielen, kann ich nicht akzeptieren. Wenn ich mich dazu äußerte, würde ich Menschen verunsichern und verärgern. Deshalb habe ich da eine Sperre. Ich bin aber durchaus bereit – das sehen Sie ja –, wenn ich spüre: Das kann ich schaffen, und das lohnt sich, ein gutes Gespräch zu führen und zu sagen, was ich glaube und denke. Aber im Moment gibt es einfach zu viele Anfragen: Hier soll ich eine Platte machen, da im Evangeliums-Rundfunk reden – hier ein Buch schreiben und dort auf dem Kirchentag etwas sagen. Ich bekomme Hunderte von Briefen von evangelischen oder katholischen Gruppierungen, Gemeinden und Schulklassen, denen ich mich „erklären" soll. Da könnte ich meinen Beruf aufgeben! Vielleicht ist das andere sogar mein Beruf... weiß der Himmel, buchstäblich! Aber diese Anfragen bringen mich auch in einen Zwiespalt. Es sind ja nicht immer die Richtigen – oder Aufrichtigen –, die einen vor ihren Karren spannen wollen.

Herr Kürten, als ich Sie nach Gotteserfahrungen fragte, sagten Sie: „Mein Leben als Ganzes ist Geschenk von Gott." Gibt es, wenn Sie beten, manchmal auch ganz konkret Antwort von Gott?

Eigentlich permanent. Wenn ich um etwas bitte, bin ich gleichzeitig immer sehr dankbar. Daß ich so leben darf, wie ich lebe, empfinde ich als Antwort Gottes. Ich bin von Gott akzeptiert, obwohl ich Schwächen habe und Fehler mache. Aber dann bin ich ganz schnell bereit zu sagen: „Das war nicht recht. Das war falsch. Da bin ich danebengetappt. Könntest du so nett sein und das übersehen und mir verzeihen?" Ich lasse mich da auch packen, wenn ich zurechtgeschüttelt werde. Ich nehme das an und sage: „Ja, es war nicht in Ordnung!"

Manchmal kommt die Zurechtweisung von Menschen, und ich merke, daß ich etwas falschgemacht habe. Manchmal ist es aber auch so, daß ich – z. B. im Gottesdienst – im Gegenüber zum Wort Gottes erst weiß und sehe, wer ich bin.

Ja, dann würde ich gern in der Gemeinde aufstehen und das sagen. Aber, daß ich dann trotzdem weiterleben darf, daß Gott es zuläßt, daß ich weiterlebe, das ist doch seine Gnade, seine Großzügigkeit und seine Liebe.

Beten Sie eher in schwierigen Situationen oder wenn Sie glücklich sind?

Ich bete immer. Wenn ich mich freue, dann besonders gern. Wir beten regelmäßig, sicher drei- oder viermal am Tag. Manchmal sind es nur Gedanken zu Gott hin. Wir beten zu Hause am Morgen, wenn wir uns wiedersehen nach einer guten Nacht. Wir beten zum Essen. Auch am Abend. Gebet gehört zu unserem täglichen Leben wie Essen und Trinken. Dennoch kommt es vor, wenn Hochdruck herrscht, daß wir einander sagen: „Hat sich eigentlich schon jemand bedankt für das, was auf dem Tisch steht?" Unsere Kinder würden auch schon mal so loslaufen. Aber dann erinnern wir uns und sagen: „Wir wollen Gott danken und noch beten, daß wir alle gut durch den Tag kommen! Daß wir uns heute abend wiedersehen!"

Wir schließen auch andere Menschen in unser Gebet ein. Es geht nicht nur um uns vier. Wir denken an unsere Verwandten und Freunde oder an Menschen, denen es besonders schlecht geht. Wir beten für die, die ohne Arbeit und Brot sind und nicht wissen, wie ihr Tag endet.

Viele Menschen, die ich kenne, würden es auch gern so tun, aber sie können es nicht. Sie meinen, sie würden sich etwas vergeben oder etwas preisgeben, vor allem, wenn sie darüber sprechen. Manche Menschen würden, wenn ich sie fragte: „Haben Sie heute morgen gebetet?" noch nicht einmal die Wahrheit sagen, weil es ihnen peinlich ist. Über seine Krankheiten und seine Wünsche, über sein vorhandenes oder nichtvorhandenes Geld kann man ja unentwegt reden, aber über Glauben und Beten sehr wenig. Damit verbindet sich für manchen eine gewisse Scham. Der Glaube gehört zu den intimen Bereichen, die nicht gern preisgegeben werden.

Was würden Sie einem Menschen raten, der sagt: „Ich möchte gern glauben und beten, aber ich kann es nicht?"

Ich würde einen solchen Menschen fragen, wie denn sein Leben aussieht, wie es bisher ausgesehen hat. Er soll mal erzählen, was er persönlich alles erlebt hat. Vielleicht kommt am Ende eine Bilanz zu seinen Gunsten heraus, und er könnte dankbar sein. Unzufriedenheit kommt sicher daher, daß Menschen Probleme, Krankheit oder Tod nicht annehmen können. Sie fühlen sich dann von Unglück bedroht und sind verängstigt, weil sie all dies nicht als Bestandteil des Lebens sehen. Aber in aller Regel habe ich erfahren, daß die Menschen dann sagen: „Es ist wahr. Diesen Aspekt habe ich nie bedacht. Darüber muß ich nachdenken. Vielleicht können wir später noch einmal darüber reden." Zumindest habe ich nie erlebt, daß jemand sagte: „Was soll das Gequatsche!"

Vielleicht ziehen Menschen sogar aus einem guten Gespräch schon Gewinn. Es tut gut, sich Zeit zu nehmen, das Herz auszuschütten und gemeinsam nach einer Lösung zu suchen. Das Gespräch unter Menschen kommt leider oft zu kurz.

Gibt es für Sie selbst ein Wort oder ein Kapitel der Bibel, das Ihnen besonders wichtig ist, in dem Sie sich selbst wiederfinden?

Am liebsten lese ich in den Korintherbriefen. Zum Beispiel 1. Korinther 13: das Hohelied der Liebe. Damit läßt sich doch alles auffangen. Das ist der Kern. Die Liebe brüstet sich nicht. Sie ist geduldig, läßt sich nicht verbittern und rechnet das Böse nicht zu. Ich sehe Christus als die Liebe schlechthin, der sich voll und ganz für uns hingegeben hat. Hingabe gehört zur Liebe. Wir Menschen schaffen es nur selten, unser Leben für andere hinzugeben – weil unser Leben uns so lieb ist.

Aber die Bereitschaft zur Demut ist ganz wichtig ... daß ich sofort bereit bin, den unteren Weg zu gehen. Eine ganz starke Form von Liebe ist doch, dem anderen den Vortritt zu überlassen. Das ist gar nicht so leicht. Manchmal ist es ja auch mit Ungerechtigkeit oder Ungleichgewicht verbunden, wenn ich dem anderen Lob oder Vorteil überlasse, weil es die Situation so verlangt. Ich kann es überhaupt nur tun, wenn ich von Gott ganz angenommen und geliebt bin, wenn ich weiß: Da, in Gott, ist der Mittelpunkt meines Lebens. Dann kann man, glaube ich, alles andere sehr leicht nehmen.

Wenn ich bedenke, was Christus getan hat, als er seinen Jüngern die Füße wusch – ich habe diese Geschichte am Sonntag wieder gehört, sie bedeutet mir viel –, das ist doch das Äußerste an Liebe. Er hat sich in den Augen der anderen erniedrigt. In Liebe den unteren Weg gehen, das kann nur der, der sich von Gott lieben läßt. Nur der kann sein Herz und seine Kraft für andere hergeben.

Gibt es für Sie manchmal auch Zweifel und Anfechtung? Gibt es Zeiten, in denen es Ihnen schwerfällt zu glauben, daß Gott Sie liebt?

Das wäre trostlos. Dann wäre mir mein Lebensziel und der Grund für meinen Umgang mit Menschen entzogen. Ich könnte wohl noch existieren, aber Leben wäre das nicht. Ich hoffe schon sehr, daß ich gehalten werde, und baue sehr stark auf meinen Glauben. Oder ist das keine Antwort?
Ich habe eben auch die hinterhältige Begabung, aus allem sofort das Beste zu machen. Kennen Sie den Kabarettisten Thomas Freitag? Er pflaumte mich in einer seiner letzten Sendungen wegen meines „ungebrochenen Positivismus" an. Man kommt immer wieder in dieselbe Ecke. Man ist immer wieder der „Positive" und „Liebe". Und wehe, wenn man dann einen Fehler macht! Wenn man solch ein toller „Positivist" ist, darf man überhaupt nichts falsch machen. Dabei sehe ich das Leben gar nicht durchweg positiv. Aber in allem, was mit uns vorgeht, und an allen Menschen sehe ich zunächst einmal etwas Positives und Gutes. Und das könnte man mir doch – großzügig! – zugestehen. Ich hätte sogar Paulus auf meiner Seite, der sagt, daß denen, die Gott lieben, alle Dinge zum Besten dienen. Ich glaube, daß Gott aus allem, was uns widerfährt, etwas Gutes entstehen lassen kann. Und dieses Gute möchte ich zuerst sehen. Anders kann ich nicht leben.

Witta Pohl
Die Freude überwiegt

WITTA POHL, geboren am 1. November 1937 in Königsberg, ist Schauspielerin. Als ihr Vater 1945 in Berlin von den Russen erschossen wurde, zog die Mutter mit ihren sechs Kindern nach Westfalen, wo Witta Pohl die Grundschule besuchte und später das Gymnasium in Bielefeld. Anschließend ging sie für drei Jahre an die Schauspielschule in Berlin. Die Lehrerin, die sie damals am stärksten prägte, war Herma Clement. Daß sie Schauspielerin werden würde, stand für sie von Kindheit an fest.

Sieben Jahre arbeitete Witta Pohl am Staatstheater Kassel, nebenher liefen die Bad Hersfelder Festspiele. Damals gab es auch den ersten Schauspielpreis. Es folgten Theaterengagements in Darmstadt und die Begegnung mit Dr. Hering, der für sie beruflich wegweisend wurde, wie auch Heinz Hilpert. Im Anschluß an die Zeit in Zürich ging es an das Schauspielhaus Hamburg. Hier entdeckte Peter Beauvais Witta Pohl und holte sie zum Fernsehen. Er drehte den ersten Fernsehfilm mit ihr, dem dann viele andere folgten.

Witta Pohl lebt seitdem mit ihren zwei Kindern in Hamburg. Sie freut sich an ihrem kleinen, weißen Haus an der Alster und zieht in

ihrem Garten Paprika und Zucchini, Tomaten und Zitronenmelisse, wenn sie nicht gerade in München oder Frankfurt dreht.
Der „Hochzeitstag", ein Stück, das Irina Korschunow eigens für Witta Pohl geschrieben hat, wurde ein Erfolg. Ab Herbst 1985 laufen dann weitere „Drombusch"-Filme, durch deren erste Folgen sie weithin bekannt wurde.

W*enn Sie spielen, Frau Pohl, strahlen Sie so viel Wärme und Zuversicht aus. Woher kommt das? Was ist das für eine Kraft, von der Sie leben?*

Für mich ist wichtig, wie mein Tag anfängt. Ich stehe sehr früh auf, ich brauche den frühen Morgen. Da gibt es so etwas wie Meditation. Ich sage: „Ich bin bereit, die Anforderungen anzunehmen. Ich bin auch bereit, weiter Vertrauen zu haben."
Was in mir ganz stark ist, das ist die Demut. Die Demut anzuerkennen, daß da etwas ist, das viel stärker ist als ich, ganz allumfassend, was mein Schutz ist. Und da beuge ich mich in tiefem Vertrauen. Also möchte ich dem Morgen schenken, was dem Morgen gehört. Und ich kann, glaube ich, noch so müde sein, die Freude – wenn ich morgens aufwache – überwiegt.
Ich liebe meine Arbeit, und es ist mir dabei ganz wichtig, mit wem ich spiele. Dann ist der Stoff natürlich wichtig. Und mir ist wichtig, wie ich meine Zeit verbringe. Ob mein Spielen den Zuschauern gefällt ... das weiß ich nie im voraus. Mir darf bei der Arbeit auch mal was mißglücken. Aber wie ich mein Leben verbracht habe, das nehme ich sehr genau. Auch fühle ich mich meinen Partnern und Mitmenschen gegenüber mehr und mehr verantwortlich, weil es ja genauso deren Zeit ist, die vertan oder genutzt wird. Das ist alles so kostbar.
Wenn ich zu Hause bin und morgens aufstehe, habe ich große Sehnsucht, meine Kinder zu sehen. Es macht mir Freude, ihnen das Frühstück zu machen und zu sehen, wie

sie zur Schule gehen. Ich gucke immer noch, wie sie um die Ecke gehen oder mit dem Rad fahren. Und ich glaube auch, daß sie sich behütet und beschützt fühlen. Ich denke, daß die Dinge, die wir ihnen vorleben, viel mehr in Erinnerung bleiben als die, die wir ihnen unentwegt ins Ohr träufeln.

Hat die Art, wie Sie Ihre Kinder erziehen, etwas damit zu tun, wie Sie selbst aufgewachsen sind?

Ganz sicher. Mein Vater ist ja am 1. Mai 1945 gefallen. Er war Arzt. Er hatte uns noch schnell von Berlin aufs Land herausgebracht. Meiner Mutter sagte er: „Die brauchen mich im Krankenhaus. Bist du einverstanden, daß ich noch einmal zurückfahre?" Und er ist dann auf den letzten Zug nach Berlin aufgesprungen . . . Dann marschierten die Russen ein. Er hatte gerade operiert, den Kittel ausgezogen, da haben die Russen die Klinik gestürmt und ihn erschossen. Bis August hatten wir keine Nachricht. Das war eine sehr harte Zeit, die uns alle sehr geprägt hat. Ich war sieben Jahre alt damals. Es war oft sehr knapp. Wir hatten dann nachher, als die Rente kam, 120 DM monatlich. Aber meine Mutter hat uns alle sechs aufs Gymnasium gebracht. Wir haben alle schöne Berufe, wenn auch ganz unterschiedliche: Kindergärtnerin, Buchhändlerin, ein Bruder ist Jurist, einer Professor für Medizin, eine Schwester Heilpädagogin. Das ist alles das Werk meiner Mutter! Und was war es? Sie hat uns etwas vorgelebt.

Ich erinnere mich immer wieder an sie – nicht, was sie gesagt hat, sondern wie sie war und reagierte. Ich spüre jeden Tag noch ihre bedingungslose Liebe und ihr Vertrauen, das sie nie verloren hat; Vertrauen in ihre sechs Kinder. Etwas ganz Wichtiges. Es ist mir eingefallen, als ich es einmal mit einem meiner Kinder sehr schwer hatte. Plötzlich hörte ich mich sagen: „Meine Liebe zu dir kriegst du nicht kaputt. Da kannst du machen, was du willst, das schaffst du nicht!"

Oder ich nehme meine schon fast erwachsenen Kinder und sage: „Ihr seid jetzt so toll groß, jetzt müßt ihr mir mal helfen!" Es ist ein sehr inniges Verhältnis. Natürlich kann ich ihnen den Vater nicht ersetzen, aber ich möchte eine gute Mutter sein. Ich möchte ihnen zeigen, welche Möglichkeiten und Wege es für ihr Leben gibt, ohne sie festzulegen. Und wenn sie manchmal bei einer Arbeit als erstes fragen: „Was verdiene ich denn dabei?", dann frage ich zurück: „Wie ist das denn mit der Freude? Mit deiner Kraft und deiner Liebe zur Sache?" Da ist uns, glaube ich, viel verlorengegangen, d. h. wir haben es uns nehmen lassen. Wir haben es aus den Augen und dem Herzen verloren.

Ich höre in letzter Zeit im Funk oder Fernsehen so oft kleine Interviews von Familien, die von drüben kommen. Sie sagen dann: „Wir hatten immer alle Türen offen!" Dieser Satz hat sich sofort auf mich übertragen. Also: Auch das Herz war immer offen. Und es hieß: Ich habe Zeit für dich! Zeit, das Kostbarste, was wir haben, weil unser Leben begrenzt ist.

Ich habe mich immer ganz bewußt mit dem Tod auseinandergesetzt. Von Kindheit an! Natürlich gab es Zeiten, wo Furcht dabei war und das Wegschieben; solche Phasen hat man ja auch. Ich erlebe es ganz stark in der Beziehung zu meiner Mutter, daß ich denke: „Ach, sie ist ja noch nicht dran." Ich habe mich wieder dabei ertappt, als jetzt eine Todesnachricht kam. Aber es hat mich dann dazu gebracht, daß ich meine ganze Freude und Liebe mobilisiert habe und selbst bereit sein möchte.

Wie ist Ihr Verhältnis zum Tod?

Ich glaube, daß wir es den Sterbenden schwermachen, wenn wir klagen, anstatt zu sagen: „Ich freu' mich für dich. Du hast es geschafft!"

Warum ist das eigentlich so: Wenn wir geboren werden, ist große, große Freude. Warum weinen wir, wenn der Mensch gegangen ist? Wir wissen doch, daß Leben auch sehr schwer ist. Wenn ich glaube, daß nach dem Tod das nächste Leben beginnt, dann müßte der Tod doch eine ganz tiefe Freude für mich sein! Wenn ich weiß: Er ist zu Gott gegangen, dann müßte ich doch jubilieren, mich freuen und sehr dankbar sein! Der persönliche Schmerz, die Trennung ist da, ja! Aber die andere Seite, die Freude und Dankbarkeit, vergessen wir. Und schließlich ist der Tod ein Teil meines Lebens. Ich selbst möchte so leben, daß ich es schaffe zu sagen: Ich darf jetzt sterben! Nicht: Ich muß jetzt sterben.

Ich glaube, wenn ich das schaffe, ein bißchen zeitiger schaffe als in der letzten halben Stunde, wird dieses Leben noch viel schöner. Ich mache die Augen auf und sehe: Es gibt so viele schöne Dinge! Aber wir sehen sie nicht, und darum werden wir krank. Es werden immer mehr Menschen krank. Sie gehen zum Doktor und geben mit dem Krankenschein auch ihre Verantwortung für sich selbst ab. Aber anstatt z. B. Herz oder Nieren behandeln zu lassen, müßten sie an ihren Problemen arbeiten. Es ist ja nicht einfach ein Organ krank, sondern die ganze Lebensweise. *Ich* muß etwas tun! Das ist meine Art von Verantwortung, die ich dem Leben gegenüber empfinde.

Das Leben ist für Sie sehr angefüllt und reich. Sie arbeiten hart und haben viele gute Echos, viel Erfolg. Wie schaffen Sie es, bei so viel Erfolg so natürlich zu bleiben? Erfolg könnte ja auch überheblich machen.

Es gibt den sichtbaren Erfolg, der sehr vergänglich ist, und den anderen, der sich ganz in der Stille vollzieht. Ich habe, was den äußeren Erfolg angeht, nie versucht, hier und da nachzuhelfen, obwohl es für mich sicherlich manchmal günstiger gewesen wäre. Ich bin nun fast 27 Jahre im Beruf. In den letzten Jahren ist es so, daß ich sagen kann: Es sind sichtbare Früchte da. Zum Beispiel abends, wenn der Applaus kommt – ich denke an die Zeit, als ich noch am Theater war. Aber es muß auch so sein können, daß ich vor den Vorhang gehe und sage: „Also, es war heute nicht gut!" Oder: „Für den dritten Akt zeichne ich! Aber das andere habe ich noch nicht geschafft!"

Wir müssen diesen feinen Gradmesser in uns haben und erhalten – ganz unabhängig von Applaus und Erfolg. Sicher, das Fernsehen hilft mir, daß der Erfolg sichtbar wird, das ist klar. Aber ich sehe doch meinen Haupterfolg darin, daß ich mit meiner Person etwas geschafft habe. Ob ich nun so oder so geschminkt oder auch mit Kopfstand da herauskomme, das ist im Moment vielleicht interessant, aber dann auch vergessen. Was der Zuschauer bemerkt hat, ist, daß da inzwischen eine Person steht, und das ist mein ganz persönlicher Erfolg. Und ich weiß, daß ich da weiter arbeiten muß. Gerade dies weckt immer mehr Verantwortung in mir, spornt mich an, und dafür bin ich dankbar. Ungeheuer dankbar!

Bei allem Beifall sage ich mir: Freue dich! Aber ordne es fein säuberlich ein. Erfolg vergeht so schnell, wie er gekommen ist. Bei mir hat es lange gedauert. Was ich an mir gearbeitet habe, das ist beständig, das kann ich nicht verlieren. Ich glaube, daß ich in meinem Beruf heute ein bißchen was zu sagen habe. Aber ich habe im Grunde heute als Witta etwas zu sagen, und da mache ich es mir überhaupt nicht leicht. Ich, als Person, nehme ja Stellung zu einer Rolle und zu einem Thema. Das ist immer eine Mutfrage – wie das ganze Leben eine Mutfrage ist –, und es ist immer auch die Frage, wie weit ich Schmerz in mich einlassen will.

Ich komme oft vom Fernsehen zurück und habe zwei Tage Migräne, bin krank und kann nicht essen... aber nur so geht es, so bedingungslos. So mache ich es mit meinen Mitmenschen auch: Ich gebe alles. Ich hasse Halbheiten. So... mehr ist es nicht.

Natürlich wähle ich aus, was ich spiele. Aber oft muß ich auch spielen, weil die Kinder neue Schuhe brauchen. Dann gehe ich hin und mache es so gut ich kann. Ich denke zum Beispiel nie: Ich bin eine Künstlerin, ich kann keine elektrischen Leitungen legen oder den Garten umgraben. Ich tue das alles, und es geht wunderbar. Und im Grunde ist es in meinem Beruf wie in jedem Beruf: Es ist immer die Frage, wie sehr man das Leben an sich heranläßt, ich meine die Menschen und ihre Probleme. Ich könnte es mir ja leicht machen und immer einen bestimmten Typ spielen. Das ist einfach und kostet wenig Kräfte. Das Leben ist immer so schwierig und vielschichtig, wie wir es uns machen. Und manchmal ist es sehr schwierig. Manchmal sieht man nur das, was schwer ist.

Was tun Sie in solchen Zeiten? Was tun Sie gegen Niedergeschlagenheit und Traurigkeit?

Ich habe von Kindheit an depressive Phasen gehabt, immer wieder. Aber ich habe auch immer wieder das Münchhausengefühl: Ich kann mich am eigenen Schopf aus dem Sumpf ziehen. Ich komme wieder heraus! Dieses Gefühl wird mit zunehmendem Alter schwächer, und die Schübe werden stärker, weil mir immer klarer wird, wie schwer das Leben im Grunde ist. Manchmal verläßt mich das Gefühl, wieder an die Oberfläche zu kommen, ein bißchen. Aber was so ganz in meiner Mitte ist, ist das Vertrauen. Und zwar so, daß ich heute sage: Wenn dieser depressive Schub da ist, dann ist er mir zugeteilt! Ich sage mir: Nimm ihn an! Er ist jetzt für dich ausgedacht, er ist für dich da!

Und dann versuche ich, für neue Freude zu arbeiten. So wie ich auch nicht einfach erwarten kann, daß die Mitmenschen mich lieben. Ich muß etwas für sie tun. Das hilft. Und wenn es mir dann wieder gutgeht, dann frage ich mich, warum ich mich so wohl fühle. Vielleicht, weil ich etwas geschafft habe. Und weil ich mich entschieden habe, daß es mir gutgeht. Ich denke, man muß sein Glück auch wollen. Ich nehme es so an, wie es mir zugedacht ist, wie es für mich vorgesehen ist – wie ja auch meine Todesstunde, nur ich weiß sie nicht. Mein Weg ist vorgezeichnet. Das weiß ich alles, und das glaube ich ganz fest.

Gibt es für Sie die Möglichkeit des Gebets?

Ich bete. Aber ich bete nur aus Dankbarkeit. Früher war das anders. Früher sagte ich in Konfliktsituationen: Lieber Gott, wenn ich da rauskomme, dann . . . Jetzt beuge ich mich. Und wenn es geglückt ist, dann bete ich. Bei den meisten Leuten ist es ja umgekehrt. Aber ich sage: Wie wunderbar! Ich weiß, daß alles einen Sinn hat, auch das Schwere. Eigentlich bin ich ein tief religiöser Mensch. Ich möchte mich nur nicht festlegen und einengen lassen. Ich bin absolut sicher, daß ich das Endgültige noch nicht gefunden habe, vielleicht bin ich schon mitten drin, längst. Und es wird schon eines Tages in diese Richtung gehen, ich meine zu Klarheit und Eindeutigkeit. Ich bin so wundgelaufen in meinen Fragen und Gedanken.

Aber es sind immer so ein paar Sätze, die einen halten, die wichtig sind, ganz wichtig. Also einmal der Satz, den Jakob an der Furt des Jabbok gesagt hat: „Ich lasse dich nicht, du segnest mich denn." Ein faszinierendes Wort, das heißt: Ich gebe nicht auf, ich warte und hoffe. Und dann das andere: „Ich glaube, lieber Herr, hilf meinem Unglauben." Ein Satz, über den ich nicht hinauskomme. Dazu könnte ich noch das Wort setzen, das meine Großmutter über ihr Testament geschrieben hat: „Alles, was ihr tut, tut in Liebe." Und schließlich – als ich in Kassel die erste wichtige Rolle spielte, die Rolle der Anne Frank – ihr letzter Satz, der mir immer noch im Ohr ist: „Trotz allem glaube ich an das Gute im Menschen."

„Trotz allem . . .", das heißt ja trotz Enttäuschungen und Verletztwerden, trotz Unrecht und Gewalt. Haben Sie selbst auch solche Erfahrungen mit Menschen gemacht?

Wer hätte das nicht? Eine kleine Episode: Kürzlich hatte mir ein Nachbar mein Kirschbäumchen einfach abgesägt. Ich war sehr traurig, bin dann aber hingegangen, habe ihm eine Blume gebracht und gesagt, es täte mir leid, daß ihn die überhängenden Kirschzweige offenbar gestört hätten. Ich habe einfach versucht, immer freundlich zu bleiben. Aber wenn ich den kleinen Weg hinuntergehe und Guten Tag! sage und sie sich wegdrehen – das tut weh. Bei einer geschiedenen Frau, da ist man skeptisch. Und eifersüchtig andererseits, was meinen Beruf und mein Leben angeht, das sie sich nicht vorstellen können. So wie ich ganz sicher zu wenig von ihrem Leben weiß, von ihrer Sorge und Angst. Ich muß mir einfach sagen: Sie sind so, wie sie sind, hab sie trotzdem gern. Nur Liebe hilft! Und manchmal, wenn ich wieder Brot gebacken habe, trage ich eines rüber zu ihnen.

Andererseits habe ich eine sehr gute Freundin. Ich bin so

dankbar für diese innige Freundschaft, es ist etwas so Kostbares. Freundschaften werden ja immer weniger, aber immer ausgesuchter. Ich lerne so viel von meiner Freundin, wenn ich sehe, wie bedingungslos sie Menschen annimmt, wie sie Menschen und deren Probleme an sich heranläßt. Ich denke, das ist der einzige Weg: Menschen so annehmen und lieben, wie sie sind.

Wenn Sie sich für sich selbst etwas wünschen könnten, was wäre das?

Manchmal denke ich, wenn ich von Dreharbeiten und Reisen zurückkomme: Wenn doch jetzt jemand in der Tür stände und sagte: „Ich habe so auf dich gewartet!" Dabei weiß ich gar nicht, ob es gutginge mit einer Partnerschaft bei meiner Lust zur Auseinandersetzung, die immer sehr stark da ist; ob ich oft genug nachgeben könnte oder lieber allein sein möchte und sagen: Es ist gut. Es gefällt mir so.
Die Scheu vor neuen Konfliktsituationen ist da. Auf der anderen Seite ... im Alter dazusitzen, und es ist wirklich jemand da, der so die ganze Zeit an meiner Hand gewesen ist ... Muß das schön sein! Miteinander alt werden! Altwerden ist etwas Wunderschönes. Das wäre Gnade!

James Decker

Gottes Wunder für mich

JAMES W. DECKER wurde 1923 in den USA geboren. Nach Schul-
und College-Ausbildung begann er 1944 sein zahnärztliches Studium. In diesem Jahr heiratete er seine erste Frau Ruth. Nach dem
Examen 1948 praktizierte er vier Jahre in Los Angeles und ging
dann als Zahnarzt zur Luftwaffe. So kam er in viele Länder einschließlich Korea, Vietnam, England und Hawaii. 1975 ließ er sich
pensionieren. Seitdem lebt er in Papua Neuguinea, wo er für die
Wycliffe-Bibelübersetzer als ihr Zahnarzt arbeitet.
1977 starb seine Frau an Krebs. Ihre drei Töchter leben in den USA.
Ein Jahr darauf heiratete er seine zweite Frau Margaret, die als Eng-
länderin viele Jahre in Papua Neuguinea gearbeitet und einheimische Bibelübersetzer ausgebildet hat. Zusammen mit ihr besucht
er abgelegene Dörfer und behandelt Patienten, die medizinische
Hilfe brauchen, während Margaret Sprachforschungen betreibt.
Wenn James Decker nicht in seiner Klinik in Ukarumpa arbeitet,
dem Zentrum der Bibelübersetzer, dann bildet er in dem 11 Meilen
entfernten Kainantu einheimische Zahnarzthelfer aus und behandelt neuguineische Patienten. Er tut das an zwei Tagen in der Wo-

che. Aber zu Hause ist das Ehepaar Decker in Ukarumpa, einem kleinen Dorf mit Flugplatz und Druckerei, Supermarkt, Post, Kirche und Klinik, umgeben von den Bergen des neuguineischen Hochlandes.

Herr Decker, Sie arbeiten seit acht Jahren als Zahnarzt in Ukarumpa im Hochland von Papua Neuguinea. Was hat Sie veranlaßt, nach Ihrer Pensionierung – nach dreißigjähriger Praxis in den USA, in Korea, Vietnam, Hawaii und anderen Ländern – nun noch einmal in dieses Land zu gehen?

Die Wycliffe-Bibelübersetzer, die ja auch in Papua Neuguinea arbeiten, wo es unter den 720 verschiedenen Sprachgruppen immer noch einige nicht erschlossene Sprachen gibt, haben mich gefragt, ob ich als Zahnarzt für sie arbeiten würde. Ich sehe es als ein großes Privileg an, in diesem Land zu leben und Menschen zu helfen. Für mich ist das ein Zeichen der Liebe Gottes, daß er mich diese Arbeit tun läßt. Meine Klinik, eine kleine Holzbaracke in Ukarumpa, dem Zentrum der Bibelübersetzer, ist vorwiegend für die Wyckliffeleute und die Missionare da, aber an zwei Tagen in der Woche arbeite ich in Kainantu, dem Dorf unten an der Hochlandstraße, 11 Meilen entfernt, wo ich einheimische Zahnarzthelfer und Laboranten ausbilde und auch neuguineische Patienten aus diesem Gebiet behandle.

Die Arbeit in diesem Land sieht sicher ganz anders aus als zu Hause?

Ja, das kann man wohl sagen. Die äußeren Umstände sind anders. Ich bin es gewohnt, sehr sorgfältig Karteikarten zu führen, die alle Daten und die Krankengeschichte der Patienten enthalten. Das ist in Papua Neuguinea nicht immer möglich. Viele meiner Patienten wissen nicht genau, wann sie geboren sind, und haben nie eine Zahnbehandlung gehabt. Sie wollen eigentlich nur, daß die Zahnschmerzen aufhören, aber nicht, daß ich auch all die anderen Löcher fülle.

Wenn ich mit meiner tragbaren Zahnarztausrüstung durch die Dörfer reise, was ich gelegentlich tue, dann muß ich bei der Behandlung meinen Arm um den Nacken des Patienten legen. Dabei gibt es Bisse von Flöhen und Stechfliegen. Das brennt und juckt und entzündet sich schnell in der Hitze.

Aber ich denke dann: Es gibt einen, der nicht nur ein wenig gelitten hat wie ich bisweilen, sondern für diese Menschen gestorben ist. Jesus hat sein Leben für sie gegeben. Was sind dann ein paar Insektenstiche? Und ich denke: Vielleicht spüren sie ein wenig von Gottes Liebe, wenn ich versuche, ihnen meine Liebe zu geben, indem ich – so sehr ich es kann – über Ungeziefer, Mundgeruch und Ablagerungen auf den Zähnen hinwegsehe.

Ich erinnere mich an einen sehr turbulenten Vormittag in der Kainantu-Klinik. Setufa, mein Assistent, und John, der Zahntechniker, waren nicht da. Sie behandelten an dem Tag Schulkinder in einer weit abgelegenen Volksschule. Ich hatte all die Notfälle vom Wochenende zu versorgen, dazu drei Kiefer-Frakturen und einen Fall von Mundkrebs. Aber dann war doch das Ziehen eines harmlosen Zahns das Aufregendste an diesem Morgen.

Eine Tochter, etwa zwanzig, brachte ihre etwa fünfundvierzigjährige Mutter zu mir, die ein stark geschwollenes Gesicht hatte. Die Untersuchung zeigte, daß der obere Schneidezahn, rechts, gespalten war und sich entzündet hatte, verursacht durch eine Schlägerei während einer ehelichen Auseinandersetzung.

Ich sagte ihr, der Zahn müsse gezogen werden. Sie war einverstanden, so gab ich ihr eine Spritze zur Betäubung. Die Tochter stellte sich neben die Mutter und hielt ihre Hand. Ich hatte nichts dagegen und begann zunächst, die Krone zu entfernen, und dann die übrigen Zahnteile und die Wurzel. Mit der Wurzel kamen zugleich Blut und Eiter heraus. Ich griff nach einem Wattetupfer.

Aber als die Tochter das Blut sah, wurde sie so blaß, wie ein schwarzer Mensch blaß werden kann, und sank mit leisem

Stöhnen zu Boden. Schnell stopfte ich Zellstoffröllchen in das Wurzelloch und zog die Tochter zu einer Holzbank. Da lag sie nun auf dem Rücken, während Arme und Beine zu beiden Seiten herunterhingen. Ich tauchte ein Handtuch in kaltes Wasser und kühlte ihren Kopf. Im selben Moment begann die Mutter zu stöhnen, ohnmächtig zu werden und langsam vom Behandlungsstuhl auf die Erde zu rutschen.

Ich überließ die Tochter sich selbst, zog die Mutter wieder hoch und kippte den Stuhl in die Waagerechte. Ich feuchtete ein zweites Handtuch an für die Mutter und wühlte in meinem Notfallkoffer nach belebenden Geruchsstoffen. Ich nahm eine Ammoniak-Kapsel, zerbrach sie und hielt sie ihnen abwechselnd unter die Nase.

Für ein paar Minuten lief ich zwischen Mutter und Tochter hin und her, rief dann aber doch den Laboranten der Arztpraxis nebenan. Er kam, sah uns drei, und wir entschieden, da die Lage nicht rosig war, daß draußen an der frischen Luft vielleicht der bessere Aufenthaltsort wäre . . . im Schatten eines Baumes.

So schleifte er die Tochter und ich die Mutter aus dem Behandlungsraum – zum Erstaunen einer langen Reihe wartender Patienten.

Mutter und Tochter waren schnell wieder auf den Beinen, aber ich war klatschnaß geschwitzt.

Nun, es gibt auch erfreulichere Tage und ermutigende Erlebnisse.

Gehen Sie gern in die kleinen, abgelegenen Dörfer?

Ich gehe ja nur gelegentlich mit, wenn meine Frau, die einheimische Bibelübersetzer ausbildet, für ein paar Tage oder Wochen in einem Dorf zu tun hat. Während sie Sprachforschung betreibt, Übersetzungen noch einmal überprüft und viele Stunden mit den Dorfbewohnern redet, behandle ich einige Patienten. Auf unserer letzten Reise habe ich 112 Zähne gezogen und 92 Füllungen gemacht.

Es ist überwältigend, mit welcher Offenheit und Freundschaft wir aufgenommen werden. Zum Schluß möchten auch wir unseren Gastgebern etwas schenken. So kaufte ich eine Ladung grüner Kokosnüsse und Gemüse auf dem Markt. Haben Sie schon einmal versucht, sechzehn grüne Kokosnüsse – an die Enden eines langen Stocks gebunden – auf den Schultern zu balancieren? Dazu das Gemüse! Aber diese Menschen gaben uns alles, was sie hatten: ihre Freundschaft, ihr Feuerholz und Früchte aus ihrem Garten.

Gab es für Sie eine sehr wichtige Erfahrung in der letzten Zeit?

Ja, es gab ein Wunder, das Gott für mich getan hat. Und dieses Wunder hängt ganz eng mit meinem Beruf zusammen. Manche sagen: Es war nur ein Zufall. Aber für mich war es ein Wunder. Etwas, das Gott tat, um mir zu zeigen, wie sehr er für uns sorgt.

Es handelte sich um einen Röntgenapparat oder genau gesagt: um ein Ersatzteil für einen solchen Apparat. Sie müssen wissen: Ohne diesen Apparat kann ich schwierige Fälle nicht diagnostizieren und behandeln. Eines Tages also brannte die Röhre durch. Damit fiel der wichtigste Teil des Apparates aus, der Kamerateil. Über Funk bat ich einen Freund in den USA, mir einen Kopfteil des Apparates zu besorgen. Er versuchte es in zwölf größeren Städten, aber die Herstellerfirma „Mattern" hatte ihre Produktion seit vielen Jahren eingestellt.

Ein paar Tage später erhielt ich – ganz unabhängig davon – eine Liste von zahnärztlichen Ausrüstungsgegenständen. Sie kam von einer medizinischen Hilfsorganisation und wurde an Ärzte in Übersee versandt. Auf dieser Liste las ich: Röntgenapparat, 65 Dollar. Das war sehr billig. Obwohl keine Firmenbezeichnung dabeistand, bestellte ich sofort. Aber die Chance war nicht groß. Andere Ärzte, die näher dran waren, z. B. auf den Inseln der Karibik, würden mir sicher zuvorkommen. Aber ich versuchte es.

Drei Wochen später traf eine schöne, kleine Sperrholzkiste bei mir in der Klinik ein. Als ich sie vorsichtig öffnete, sah ich – in Schaumgummi verpackt – genau den Teil des Apparates, den ich brauchte. Ich traute meinen Augen nicht: Es war dieselbe Marke: „Mattern". Es war sogar dasselbe Modell, nur eine Seriennummer weiter als meine alte Röhre. Es mußte also passen. Es paßte. Und der Apparat funktioniert seitdem einwandfrei. – Übrigens, obwohl ich wegen der Kosten den Röntgenapparat per Schiff bestellt hatte, was drei bis sechs Monate gedauert hätte, kam nicht der ganze Apparat, sondern nur dies eine Teil, und zwar per Luftpost. Irgend jemand hatte das teure Porto gespendet. Gott wußte, daß ich diesen Röntgenapparat brauchte, um seinen Leuten zu helfen, und er selbst hat es so arrangiert, daß nicht nur das richtige Teil kam sondern daß es auch noch schnell kam. Gott ist auch an den ganz praktischen Seiten unseres Lebens interessiert, nicht nur an geistlichen Dingen, und seine Hilfe ist manchmal so konkret, daß wir ganz sprachlos sind.

Gottes Nähe und Hilfe zu erfahren, macht sprachlos, aber ebenso seine Verborgenheit. Sie haben auch Zeiten erlebt und durchlitten, wo Gottes Liebe verborgener war. Ich denke an die Zeit vor einigen Jahren, als Ihre erste Frau an Krebs starb. Und Sie selbst werden oft zu Schwerkranken oder Sterbenden gerufen. Wo sind Gottes Wunder in solchen Zeiten?

Vor einigen Wochen bat mich unser Arzt, eine Frau zu besuchen, die im Sterben lag. Es war Krebs im letzten Stadium. Ich fragte sie, ob ich irgend etwas für sie tun könne. „Ja", sagte sie, „baue mir einen Leseständer mit Klammern, die das Papier halten, und montiere ihn an mein Bett. Ich kann ja nur noch auf dem Rücken liegen. Ich muß die letzten Seiten meiner Übersetzung des Matthäusevangeliums noch korrekturlesen." Ich tat es. Und als ich sah, wie sie anfing zu arbeiten – ohne Selbstmitleid, ohne Hektik –, einfach still zu arbeiten, da dachte ich: Vielleicht ist Gott uns da am nächsten, wo das Leben am dunkelsten ist. Und vielleicht ist das ein noch größeres Wunder: daß Gott uns da, wo das Tal am tiefsten ist, schon etwas vom Himmel sehen läßt.

Helen Donath
Wer nicht lacht, verpaßt so viel

Die Sängerin HELEN DONATH, 1940 in Corpus Christi/Texas geboren, begann ihre musikalische Ausbildung schon als Vierzehnjährige. Später studierte sie bei Paola Novikova in New York. 1961 erhielt sie ihren ersten festen Zweijahresvertrag am Kölner Opern-Studio. Am Opernhaus Hannover entwickelte sich ihre Karriere weiter. Hier sang sie u. a. die Pamina in Mozarts „Zauberflöte" und die Jeanne in W. Egks Oper „Die Verlobung in San Domingo". 1966 ging sie an die Bayrische Staatsoper nach München, und ein Jahr später begann ihre Zusammenarbeit mit Herbert von Karajan anläßlich einer Aufführung von Mozarts Krönungsmesse im Vatikan.

Helen Donath singt regelmäßig an der Wiener Staatsoper, der Mailänder Scala, der Metropolitan Opera in New York, der Londoner Covent Garden Opera, bei den Salzburger Festspielen und in vielen anderen Opernhäusern der Welt.

Aber sie ist nicht nur als Opernsängerin bekannt, sondern vor allem durch ihre Liederabende. Ihr Mann Klaus Donath, Pianist und

Dirigent, begleitet sie am Flügel. Die im Jahre 1977 aufgenommene Schallplatte mit Liedern von Schubert, Wolf und Strauß wurde mit dem deutschen Schallplattenpreis ausgezeichnet. Viele andere Plattenaufnahmen folgten.

1983, während der Hamburger Brahmswochen, sang Helen Donath Brahms' Requiem, und 1984, ebenfalls an der Hamburger Staatsoper, die Oriane in Johann Christian Bachs Oper „Amadis".

Neben vielen anderen Engagements stehen Tokio und eine Tournee durch Texas auf ihrem Programm. Auf diese Reise freut sich Helen Donath besonders, weil sie in Texas ihre Mutter und ihre Geschwister wiedersehen wird.

Ein großer Erfolg wurde Händels Oratorium „Belsazar" in der Inszenierung von Harry Kupfer (Hamburger Staatsoper) 1985, wo Helen Donath die Nitocris sang.

F *rau Donath, Sie sind Texanerin, leben aber in Deutschland. Sie reisen als Sängerin durch die ganze Welt und wohnen in einem kleinen Heidedorf. Sie sind eine große Künstlerin, aber auch Ehefrau und Mutter. Und schließlich: Sie sind griechisch-orthodoxer Herkunft, leben nun aber in einer evangelisch-lutherischen Gemeinde. Wie schaffen Sie es, all diese Gegensätze in sich zu vereinen? Oder empfinden Sie Ihr Leben gar nicht als so gegensätzlich?*

Eben, genau das ist es. Das sind für mich keine Gegensätze. All das ist Leben für mich: Leben, Reichtum und Glück. Sehen Sie, ob ich nun in einen lutherischen oder katholischen oder jüdischen Gottesdienst gehe, es ist doch Lob unseres Herrn! Ich freue mich daran. Und ich freue mich an der Vielfalt. Es sind keine Gegensätze, die mich zerreißen. Es ist die Polarität des Lebens selbst. So wie Traurigkeit und Freude zum Menschsein gehören. Wer sich nicht richtig freuen oder – wenn er einen Menschen verloren hat – tief trauern kann, der ist doch wie ein Stück Holz oder ein Stein, der lebt gar nicht richtig. Ich glaube, sogar die Bäume können Schmerz oder Freude fühlen. Oder, daß man zum Beispiel, wenn ein

Kind geboren ist, nur beiläufig sagt: „Ach ja, es ist einer geboren . . .", daß man nicht sagt: „Oh, wie schön!"
Nur wenn man Mut zur Freude oder Trauer hat, lebt man,
sonst schöpft man ja gar nicht aus, wozu man da ist und wo-
mit man ausgerüstet ist.

*Sie können in Ihren Liedern ja beidem, der Freude und der Trauer,
Ausdruck geben. Was ist eigentlich das Schönste an Ihrem Beruf?
Was macht Ihnen Freude?*

Wenn ich an unseren vorletzten Lieder-Abend denke, den
wie immer mein Mann Klaus begleitet hat, an dem wir viele
ernste und traurige Lieder gesungen haben, Texte von Friedrich Rückert: „Ich bin der Welt abhanden gekommen" oder
„Um Mitternacht" oder die Brahms-Volkslieder: „Da unten
im Tale" oder „In stiller Nacht, zur ersten Wacht, ein Stimm
begunnt zu klagen", wo es dann weiter heißt: „. . . die Sterne
mit mir, sie wollen weinen, kein Vogelsang noch Freuden-
klang man hört in den Lüften, die wilden Tier' trauern auch
mit mir in Steinen und in Klüften" – da sah ich, wie eine alte
Dame im Zuschauerraum ihre Brille abnahm und das Ta-
schentuch hervorzog. Sie hat richtig geweint. Dabei war es
nur dies einfache Volkslied. Es hatte sie so tief berührt, es
konnte im Herzen dieser Frau etwas lösen. Sie konnte weinen und hat das sicher als befreiend empfunden.
Das Schönste an meinem Beruf?
Es ist genau dies: der Kontakt mit den Menschen. Daß ich
die Menschen erreiche, daß sie lachen oder weinen, daß sie
fühlen. Manchmal auch, daß sie träumen oder ihre Probleme
für eine Weile vergessen. Man spürt ja, wenn man auf der
Bühne steht, ob man „ankommt", ob vom Publikum etwas
zurückkommt. Und wenn es nicht so ist, dann arbeitet man
daran und fragt sich: Was kann ich besser machen? Wie kann
ich sie erreichen?
Es ist so merkwürdig: Wir singen oft an sechs oder acht
Abenden in verschiedenen Städten das gleiche Repertoire.
Einmal wird gejubelt. Im anderen Fall fragt man uns:

„Warum haben Sie gerade Lieder von Hugo Wolf gesungen? Das hat mir nichts gegeben!"

Wir haben das nicht in der Hand, nicht immer, ob wir Menschen mit unseren Liedern anrühren können. Aber Gott hat uns dieses Geschenk – singen oder spielen zu können – gegeben, und wenn man etwas geschenkt bekommt, muß man es ja weitergeben.

Es freute mich, als kürzlich in Wiesbaden eine Dame nach einem Abend zu mir kam und sagte: „Ich habe sie so oft schon gehört. Aber ich habe nie den Mut gehabt, hinter die Bühne zu kommen und Ihnen zu sagen, wieviel Freude Sie mir bereiten. Ich gehe jetzt ganz schnell. Ich wollte es nur gesagt haben."

Man freut sich unbändig darüber. Denn, wissen Sie, für mich ist immer das der schönste Moment, wenn der Liederabend vorbei ist und ich die Zugaben ansage. Dann darf ich mit dem Publikum reden. Für mich ist das immer das Höchste. Ich spreche so gerne mit meinen Zuhörern. Manche finden es albern, daß ich mich darüber so freue. Sie sagen: Wie kann eine erwachsene Frau sich so übermütig freuen! Aber ich glaube, daß andere auch merken: Sie hat sich einen Funken Lebensfreude und Lustig-sein-Können erhalten. Das ist mir selbst wichtig. Wer nicht mehr lachen kann oder Spaß versteht, der verpaßt so viel.

Neulich ist es mir doch passiert, daß Kollegen zu mir gekommen sind, zwei Amerikaner, die sehr viele Platten von mir haben, und haben gesagt: „Helen, wir haben so viel über dich gehört. Wir kennen dich jetzt seit drei Wochen, und du bist immer gut gelaunt und nett zu uns. Jetzt wirst du uns bitte – Hand aufs Herz – etwas sagen: Bist du wirklich so, oder ist das alles Schau?" Ich habe so gelacht. Natürlich kann ich auch schlechte Laune haben. Oh, ich kann sehr beleidigt sein. Unser Sohn kennt das und mein Mann auch. Aber der Zorn hält nicht an. Wir lassen nie die Sonne darüber untergehen.

Man spürt an Ihrem Erzählen, daß Sie sehr dankbar sind für Ihr

Leben, so wie es ist. Dankbar für alle Möglichkeiten und Bega-
bungen, für Menschen und immer neue Erlebnisse.

Ja, sehr. Neulich zum Beispiel gab es so einen schönen
Abend, den ich mit Kollegen erlebte. Da sagten wir: Was für
einen schönen Beruf haben wir! Wie gut haben wir es! Wir
dürfen hier sitzen und uns freuen. Wir saßen in einer wun-
derschönen Villa, es war in Italien. Ein Essen stand vor uns
auf dem Tisch – es war ganz köstlich vom Hausherrn und seiner Frau zubereitet worden. Später gab es Obst und Käse,
Kaffee und Likör. Wir sagten: Welch ein Glück, so etwas erleben zu dürfen! Es ist so selten.
Aber es muß nicht eine Villa in Italien sein. Sehen Sie, daß
wir ein warmes Zimmer haben, wenn es draußen regnet,
das ist Glück! Daß wir die Heizung aufdrehen können,
wenn es kalt ist. Daß wir ein kühles Getränk haben, wenn es
warm ist. Daß wir hier Kaffee und Pralinen auf dem Tisch haben. Manchmal habe ich ein schlechtes Gewissen, wenn ich
daran denke, daß zwei Drittel aller Menschen hungern. Aber
andererseits verdiene ich durch meine Arbeit Geld und
kann damit vielen Menschen helfen. Darum bemühen wir
uns.

Dankbarkeit ist ja nicht selbstverständlich. Glauben Sie, daß man
Dankbarkeit lernen kann?

Ich glaube schon. Aber nun nicht so, daß ich einmal im Jahr
– zu Weihnachten vielleicht – in die Kirche gehe und
„danke" sage und denke: Damit muß der liebe Gott zufrieden sein. Ich glaube, man muß all das Kleine sehen: eine
gute Mahlzeit zum Beispiel. Eine herrlich gekochte Kartoffel
und, wenn man Glück hat, ein Stück Butter dazu. Es gibt
doch nichts Schöneres! Oder ein Sonnenaufgang. Oder gute
Luft, wenn der Ostwind weht und wir von den Abgasen ver-
schont bleiben. Alles das ist es doch! Oder wenn die Umwelt
wieder sauberer wird, wie es jetzt im Harz gelungen ist,
dann sage ich: Lieber Gott, vielen Dank, daß wir vielleicht
einen Weg finden, Luft und Wasser wieder zu reinigen.

Aber all das muß man sehen, manchmal müssen wir uns die Augen reiben, um wieder klarer sehen zu können.

Und was meinen Beruf angeht: Sicher, man kann es so oder so sehen. Ich könnte eingebildet sein, aber ich denke, weil ich so viel bekommen habe, muß ich demütig und sehr dankbar sein. Ich kann doch nichts dafür, daß ich begabt bin. Das empfinde ich sehr stark, und darum möchte ich weitergeben, was ich bekommen habe.

Sie erwähnten, Frau Donath, daß Sie vor den Aufführungen gelegentlich ein Stoßgebet zum Himmel schicken: Lieber Gott, hilf mir! Laß es gut werden! Gib mir die Kraft, die ich brauche. – Beten Sie auch sonst manchmal?

Nicht manchmal. Immer! Ich bete nicht nur im Umkleideraum und am Schminktisch oder hinter der Bühne. Ich bete, wo ich gerade bin. Für mich ist Gebet nicht an einen bestimmten Platz gebunden. Ich bete sehr oft – ich weiß gar nicht, ob man das so sagen darf –, wenn ich im Badezimmer bin. Für mich gehören Reinigung und Gebet, Körper und Seele sehr eng zusammen.

Ich bete sehr spontan, es ist wie ein Gespräch mit Gott. Ich erzähle ihm alles, oder ich sage: Lieber Gott, ich danke dir! Ich frage ihn auch. Und ich denke meine Gebete nicht nur, ich spreche die Worte auch aus. Ich sage ihm, was mich bedrückt oder beglückt. Und ich weiß: Er hört das, und er will das. Beten ändert mein Denken, ich sehe dann klarer, was wichtig und was unwichtig ist, und glaube, daß Gott besser weiß als ich selbst, was gut für mich ist. Er ist mein Freund. Nach einem schönen Liederabend sage ich manchmal: Lieber Gott, du hast das so schön gemacht. Klaus hat so schön gespielt, du hast ihm so die Hand geführt!

Auf diese Weise – im Gespräch – komme ich Gott noch näher. Ich spüre seine wohltuende, leitende Hand, auch an schweren Tagen. Ich glaube, daß Gott uns wachsen läßt an den nicht so schönen Momenten, ich kann auch das aus seiner Hand nehmen.

Manchmal, wenn ich Liederabende oder Opern wegen

Krankheit absagen muß, dann weiß ich, daß Gott mir sagt: „Es ist genug! Du mußt dich ausruhen!" Das tue ich ja freiwillig nicht.

So lerne ich, meine Zeit besser einzuteilen, daß ich nicht krank werde, weil ich so überarbeitet bin. Daß ich genug schlafe und richtig esse. Ich frage Gott ganz oft: Was willst du von mir? Tue ich das, was du von mir willst? Soll ich meine Schüler unterrichten? Soll ich weiter singen? Brauchen mein Mann und mein Sohn mehr Zeit von mir?

Kommt dann so etwas wie eine Antwort für Sie? Fingerzeige und Zeichen von Gott her?

Ja, immerzu. Ich sage Gott oft: Ganz gleich, was du für mich bereithältst, was dein Gedanke für mich ist, ich gebe mich ganz in deine Hand, voll und ganz.

Natürlich muß ich mitmachen, ich habe ein Gehirn und bin kein von oben gesteuerter Roboter.

Sie haben ein unglaublich weitgefächertes Programm: Sie singen Monteverdi, Bach, Haydn, Mozart, Beethoven, Puccini, aber auch Strawinski, Orff und Britten. Was singen Sie eigentlich am liebsten?

Alles. Alles, was ich singe, singe ich gern. Das, was ich im Moment singe, singe ich am liebsten. Wirklich, ich kann überhaupt nicht sagen, was ich am liebsten habe: Zauberflöte, Rosenkavalier, Lieder, Konzerte, Schlager, Kirchenmusik ... ich liebe das alles. Natürlich ist es wunderschön, in einer Kirche zu singen. Gottesdienst und Musik zusammen sind eben doch das Nonplusultra. Aber ich könnte nicht sagen: Ich habe ein Lieblingslied. Das wäre so, als hätte ich zehn Kinder und eins davon wäre mein Lieblingskind. Das geht nicht! Ich habe zum Beispiel drei Schüler, und ich liebe sie alle drei gleich. Das wissen die drei auch.

Frau Donath, im Märchen ist es manchmal so, daß man sich et-

was wünschen darf. Wenn Sie sich etwas wünschen könnten, was wäre das?

Am allermeisten wünsche ich mir, daß wir Frieden haben. Daß alle Menschen in Frieden leben können, ohne Hunger und Elend . . . zum Glücke Gottes, ich meine, daß er sich auch einmal an uns freuen kann. Daß wir nicht nur Freude von ihm nehmen, sondern ihm auch Freude geben. Und daß wir aneinander Freude haben. Wenn ich etwas singen sollte, was meine Freude über Gott ausdrückt, meinen Dank und meinen Jubel, dann würde ich nicht die Missa solemnis von Beethoven singen – das für mich gottnahste Stück –, dann würde ich Läufe singen, Skalen, Töne ohne Worte, immer wieder.

Eike Christian Hirsch

Der Augenblick des Gelingens

EIKE CHRISTIAN HIRSCH wurde als Sohn deutscher Eltern 1937 in Holland geboren und ist – 1944 nach Deutschland zurückgekehrt – in Göttingen aufgewachsen. Sein Vater war Zoologe, seine Mutter die Tochter eines Paläontologen, Freigeistes und Kunstsammlers. Aus Pflichtbewußtsein wollte Eike Christian Hirsch Theologe werden, weil es zu wenig Pfarrernachwuchs gab. Und dann gab es doch nichts Schöneres als das Studium in Heidelberg und Basel.

Nach dem Examen und der Promotion in Heidelberg über Kants Religionsphilosophie war er Mitarbeiter im Kernforschungszentrum Karlsruhe. Seit 1969 arbeitet er als Redakteur im Norddeutschen Rundfunk – Redaktion Religion und Gesellschaft –, die ihren Sitz in Hannover hat.

Im Jahre 1973 forderte ihn Henri Regnier, der Chef der Unterhaltung im NDR, auf, hundert Sprachglossen zu schreiben. Das war der Anfang einer fruchtbaren Nebentätigkeit. Das Standbein blieb unverändert in der Theologie, das Spielbein zeigte auf leichtere Gefilde.

41

Eike Christian Hirsch hat folgende Bücher veröffentlicht:
Das Buch der Bücher. Altes Testament, Piper Verlag 1970, 3. Auflage 1984 (zusammen mit Hanns-Martin Lutz und Hermann Timm).
Das Ende aller Gottesbeweise. Naturwissenschaftler antworten auf die religiöse Frage. Furche Verlag 1975 (vergriffen).
Deutsch für Besserwisser, Hoffmann und Campe 1976.
Mehr Deutsch für Besserwisser, Hoffmann und Campe 1979.
Expedition in die Glaubenswelt. 32 Proben auf das Christentum, Hoffmann und Campe 1981.
Den Leuten aufs Maul. Ein- und Ausfälle vom Besserwisser, Hoffmann und Campe 1982.

H*err Hirsch, Sie haben als Redakteur des NDR und Leiter der Redaktion „Religion und Gesellschaft" ein großes Arbeitsfeld. Was tun Sie besonders gern?*

Ich tue alles gern, was ich gut kann, weil einfach nichts so schön ist wie der Augenblick des Gelingens. Ich gebe zum Beispiel gern einen Rat. Ich weiß, das ist meist eine entsetzliche Eigenschaft. Man muß das sehr diskret machen (meine Kinder bremsen mich schon immer). Aber wenn jemand einen Rat braucht, und ich habe eine Idee, die nützt, dann bin ich glücklich. Ein anderes Glück ist: Wenn ich etwas geschrieben habe, was mir gefällt, oder wenn mir ein Zusammenhang klargeworden ist. Ich grübele gerade seit Monaten über die Frage, warum Witze eigentlich komisch sind und warum man lachen muß. Da zu einer Einsicht zu kommen, ist für mich eine Freude wie vielleicht für andere, einen Stuhl getischlert zu haben. Selige Augenblicke. Es ist etwas fertig geworden, und ich bin ein Stück weiter.

Was möchten Sie Ihren Hörern oder Lesern vermitteln?

Wahrscheinlich will ich weit weniger erreichen, als man das

bei einem Journalisten vermuten würde. Das Wort „Anliegen" ist mir verdächtig, und auch bei dem Wort „engagiert" habe ich meine Zweifel. Es würde mir reichen, wenn die Leute, denen ich etwas über den Glauben erzähle, merken, das ist ein Thema, über das sich reden läßt. Ein Beispiel: Als ich hier im Funkhaus anfing, waren gerade die ersten Menschen auf dem Mond gelandet, und ich hatte einen Kommentar verfaßt über einen der Astronauten, der sich eine Art Mini-Abendmahl auf den Mond mitgenommen hatte. Der Kommentar wurde in einer großen Kollegenrunde hier im Funkhaus vorgespielt. Und siehe da, die Kollegen aus Technik, Verwaltung und Programm eröffneten ungeniert eine Debatte darüber, ob es im Sinne des Abendmahls sei, es sich selbst auf dem Mond zu verabreichen. Fast alle beteiligten sich an der Debatte, und es zeigte sich: Über den Sinn des Abendmahls kann man reden und sich streiten. Seit ich das erlebt habe, weiß ich, was ich mit meinen Sendungen will.

Sie haben die große Begabung, Themen des Glaubens einmal von einer ganz anderen Seite her anzugehen, überraschende Fragen zu stellen, so daß das Ursprüngliche wieder aufleuchtet. Zum Beispiel die Frage: Wer war Jesus eigentlich, und was wollte er? Oder: Wer ist denn nun mein Nächster?

Das liegt wohl weniger an einer Begabung als daran, daß ich den Vorzug habe, als Journalist über diese Dinge reden zu können. Zwar bin ich Theologe, aber eben kein Pfarrer, von dem man weiß: „Der darf ja gar nichts anderes denken!" Ähnlich ist es, wenn sich etwa ein Physiker zum Glauben bekennt. Das ist viel spannender und wirksamer, als wenn das zehn Pastoren tun. Ein weiterer Vorteil für mich ist, daß ich auch viel „weltliches" Programm mache, Unterhaltungssachen, Satiren, Glossen und ähnliches. Das ist in den Augen der Hörer vielleicht eine Aufwertung in dem Augenblick, wo ich über Jesus Christus rede.

Die Art, wie Sie schreiben oder erzählen, hat etwas Spielerisches,

Heiteres, eine Leichtigkeit, die der Leser als wohltuend emp-
findet. Heiterkeit erfreut.

Nur schaff' ich das nicht so recht, wenn es um Glaubensfra-
gen geht – obwohl ich von der Heiterkeit des Glaubens überzeugt bin. Ich kann mir Gott nicht anders vorstellen als heiter, weise und gelassen. Und doch gelingt es mir nicht, so
auch von ihm zu reden. Statt dessen wird es eher spielerisch
und unverbindlich. Das kenne ich leider auch als Echo von
Hörern, die mir sagen: „Wir hören Ihnen ja gern zu am Sonn-
tagmorgen, aber wissen Sie, da fragt man sich doch, wo Sie
nun eigentlich stehen." Dem kann ich gar nicht widerspre-
chen. Das ist der Eindruck, den ich erwecke.

Sie wollen nicht predigen?

Ja, ich will nicht die Autorität sein, die den Zuhörern den eigenen Glauben ersetzt, nicht der Glaubensbesitzer, der von
seinem Glauben abgibt.

Sie möchten dem Hörer oder Leser überlassen, wie er jetzt weiter-
denken will. Dazu ist nicht jeder bereit. Und doch wird Ihre Art
auch willkommen sein, denn das alte „So ist es!" kann heute auch
nicht mehr jeder ertragen.

Habe ich Sie jetzt bei einem pessimistischen Tonfall er-
wischt? Sagten Sie „nicht mehr", weil früher angeblich alles
besser war?

Ich sagte, daß sich die Menschen heute nicht mehr von oben sa-
gen lassen, was sie glauben sollen. „Nicht mehr!" Aber das habe
ich gar nicht pessimistisch gemeint. Im Gegenteil!

Entschuldigung, dann habe ich Ihnen Unrecht getan. Man
hört wohl immer leicht heraus, worauf man empfindlich ist.

Um beim pessimistischen Tonfall zu bleiben: Ist Schreiben für Sie
mühsam?

Nein, das kann ich wirklich nicht sagen. Ich staune manchmal selber (das darf man gar nicht laut sagen, ich sage es auch sonst nicht), wie leicht es geht. Am liebsten schreibe ich gleich die letzte Fassung, das ist so eine Art Sport. Davor liegt dann aber eine sorgfältige gedankliche Vorbereitung, die manchmal Wochen dauert. Aber so, wie ich es dann hinschreibe, soll es auch gut sein. Vielleicht hat das auch einen Vorteil, weil es aus einem Guß ist, ohne Nebenwege oder eingebaute Gags. Es gibt ja Kollegen, die ihre Texte schreiben, wie man einen Rehrücken spickt. Der Rücken ist mager und wird mit Speck aufgewertet. Nachher soll der Hörer diese Fleißarbeit anhören, als sei alles ein Stück, ein Gedankenfluß. Das wird wohl nichts. Ich glaube, was einem im Augenblick der Niederschrift nicht einfällt, soll wegbleiben. Es wäre zu viel, denn es gibt ja auch beim Hörer eine Grenze dessen, was er an Informationen pro Minute aufnehmen kann.

Als Echo auf Ihre Sendungen wird es sicherlich viel Zustimmung geben, aber auch Kritik. Wie läßt sich die ertragen?

Mit der Kritik werde ich ganz gut fertig, wahrscheinlich, weil ich schon in Kindertagen dagegen irgendwie immun werden mußte. Meine Strategie sieht so aus: Entweder erkenne ich die Kritik sofort an und nehme ihr damit die Spitze; oder ich nehme sie gar nicht ernst. Gut finde ich eigentlich beides nicht. Kritik aber kommt auch viel weniger vor, als Sie wahrscheinlich vermuten. Ich bekomme viel freundliche Zustimmung und muß mich dann im Verdacht haben, daß ich es schließlich auf nichts anderes anlege. Wahrscheinlich will ich den Beifall möglichst aller und überall der „nette Mann von nebenan" sein. Im Ernst und allgemein gesagt: Das Echo ist doch bei jedem Menschen unbewußt gewollt. Auch bei den Journalisten, die umstritten sind und das wohl auch sein wollen.

Der Erfolg macht Sie mißtrauisch gegen sich selbst?

Ja, mißtrauisch gegen die Haltung, in der ich schreibe. Das ist zuletzt der Zweifel, ob ich mein Leben richtig eingerichtet habe, ob ich nicht zu viel Beifall einheimsen und mich zu wenig um – sagen wir: um Freundschaften bemühen will. Ob ich zu viel arbeite, zu wenig feiern und leben kann.

Wer viel schreibt, lebt der nicht intensiver und aufmerksamer als andere Menschen?

Den Eindruck habe ich gar nicht. Ich glaube, daß der Schreibende auch neben dem Leben stehen kann, das er beobachtet. Aber einen Vorteil hat das Schreiben. Man kann sich ein Gebiet erarbeiten und es dann auch abschließen, sogar mit etwas Eigenem. Wissen Sie, immer nur lesen und aufnehmen, Bescheid wissen und mitreden können, aber niemals den Sack zubinden und aus dem Wissen was machen – das ist ein Schreckbild für mich. Lieber mal ein Schlußstrich und was eigenes Handfestes, und wenn es in einem so flüchtigen Medium wie der Hörfunk ist.

Ist die Vergänglichkeit einer Hörfunksendung für Sie eine Anfechtung?

Anfechtung . . . so würde ich es nicht nennen.

Soll ich sagen: Eine Sendung ist wie eine Eintagsfliege, die kaum eine Stunde lebt? Von Fliegen darf ich doch reden, oder?

Von Fliegen dürfen Sie reden, o bitte. Und wirklich, wissen Sie, ich habe es schon gern, wenn Sendungen dann auch in einem Buch abgedruckt sind. Ein Buch kann man in der Hand halten oder wegstellen, wieder hervorholen oder verschenken. Man kann dabei auch an die eigenen Enkel denken, damit was bleibt . . .

Vieles von dem, was man tut, ist ja ein Kampf gegen die eigene Vergänglichkeit. Ob das sehr christlich ist?

Das war wohl typisch für die heidnische Antike. Unsterblichkeit erstrebte man durch unsterbliche Werke. Und der christliche Glaube hatte mit dem Ewigen Leben ein ganz anderes Mittel der Unvergänglichkeit. Nur hat der Glaube heute die Kraft nicht mehr, diesem Streben nach der eigenen kleinen Unsterblichkeit entgegenzutreten. Jedenfalls bei mir nicht.

Sagten Sie eben: „Nicht mehr..."?

Ja, ich glaube. Verzeihung. Ein pessimistischer Unterton.

Darf ich weiterfragen? Ich möchte Sie nicht plagen.

Sie plagen mich überhaupt nicht. Das sollten Sie eigentlich merken können, daß es mir ein Vergnügen ist, auch mal den anderen Part im Interview zu spielen. Das merken Sie doch auch?

Ja. Gut, also weiter: Wie fallen Ihnen die Themen ein – von selbst, zufällig? Oder werden sie erarbeitet?

Oft ist es wohl ein Einfall oder eine zufällige Beobachtung. Oder ich werde darauf gebracht. Nehmen wir als Beispiel das nächste Thema, das ich im NDR behandeln will: die Frage, ob die Medizin zum einzig geglaubten Heil, zur Religion unserer Zeit geworden ist. Das Thema ist in einem Gespräch mit meiner Frau entstanden, als wir beide gelesen hatten, daß sich die Mediziner gegen eine Aufklärung der Patienten wehren, damit „das Vertrauen", sprich: der Glaube an die Heilkraft, nicht zerstört wird. So entstehen die Themen auf sehr verschiedene Weise. Manche Themen, die ich für wichtig halte, greife ich dann aber gar nicht auf. Das mag Sie wundern. Das gilt allerdings vor allem von meinen Glossen. Es gibt Dinge, die mich so ärgern oder erregen (wie Tierversuche, Aufrüstung oder das Verhalten im Verkehr), daß ich darüber nicht leichthin schreiben kann. Dem Hörer nur meine Bitterkeit, meine Verachtung oder meine

Angst an den Kopf zu werfen, das möchte ich nicht. Also lasse ich es. Leider.

Sie haben aber auch Lieblingsthemen, Spezialgebiete?

Ja, ich habe mich zum Beispiel immer gern mit Grenzfragen der Naturwissenschaft beschäftigt. Das liegt wohl daran, daß ich in Göttingen aufgewachsen bin. Max Planck habe ich nicht mehr gesehen, aber Otto Hahn manchmal, auch Max von Laue. Werner Heisenberg und Carl Friedrich von Weizsäcker habe ich durch deren Kinder gut gekannt. In unserer Klasse kamen Fragen der Naturwissenschaft und des Glaubens fast von selbst zusammen. Später war ich mal zwei Jahre einem Planungsstab im Kernforschungszentrum Karlsruhe zugeordnet. Und so habe ich als Journalist auch gern diese Sachen dargestellt: den Urknall oder die Entstehung des Lebens auf der Erde. Schließlich steht der Glaube hier mit auf dem Spiel.

Und was behandeln Sie in Ihren Glossen gern?

Menschliche Schwächen. Alles, worüber sich nicht leicht etwas sagen läßt, und das Leichte doppelt willkommen ist.

Besonders nett ist, wenn zur Ironie die Selbstironie hinzukommt und dem Thema so die Bitterkeit nimmt.

Ja, ich denke, man muß sich selbst zum Besten haben können. Die Voraussetzung dafür ist freilich, daß man sich selbst mag. Das darf man ja immer noch nicht so geradeheraus sagen. Aber Selbstannahme ist etwas Schönes und Wichtiges. Ich bin auch sehr davon überzeugt, daß man nur einen anderen Menschen annehmen kann, wenn man das bei sich selbst erst mal geschafft hat. Wenn man sich mag und seiner selbst sicher ist, kann man auch über sich lachen. Die unsicheren Menschen können schlecht über sich lachen, sie können leider auch keine Fehler zugeben und schlecht verlieren.

Ich glaube, ich mag Menschen, die mit sich selbst auch spielerisch umgehen können.

Warum schaffen einige Menschen das und andere nicht?

Das weiß ich so wenig wie Sie. Man sagt ja, es liegt an der Kindheit. Meine Mutter hat zwar immer gemeint, daß sie uns drei Brüder nicht loben dürfe, weil das den Kindern zu Kopf steige. Aber mein Vater war dafür butterweich und hat seine Söhne immer über den grünen Klee gelobt, auch für einzigartig und für begabt gehalten. Ich glaube, das ist uns gut bekommen, und ich möchte es mit meinen Kindern ebenso machen. Vertrauensvorschuß – das braucht man. Dann kann man sich auch selbst etwas zutrauen. Ich bin mir selten böse. Und warum sollte man sich auch selbst schlechter behandeln als einen Freund?

Das ist für jemand, der Erfolg hat, einfacher als für einen, der es immer sehr schwer hatte und dem viel mißglückt ist.

Ja, wobei es die Frage ist, ob die Henne eher da ist oder das Ei. Es kann natürlich sehr wohl umgekehrt sein: daß jemand, der mit sich zufrieden ist, darum auch etwas zustande bringt. Oder anders gesagt: Ich glaube nicht, daß Selbstbewußtsein aus dem Lebenserfolg kommt. Es gibt ja erfolgreiche Leute ohne Selbstbewußtsein, die ständig von sich reden müssen oder gar ihren Reichtum auf vier Rädern spazierenfahren. Und andererseits gibt es Menschen, die ohne Erfolg zufrieden und heiter sind, weil sie an sich glauben.

Vielleicht hängt die Möglichkeit, sich selbst anzunehmen, auch daran, ob man geliebt oder kritisiert wird?

Ich würde lieber sagen: Ob man geliebt worden ist. Das muß am Anfang geschehen, oder es ist zu spät. Das Urvertrauen. Da entscheidet sich ja auch unser Gottesbild. Wer das spürt, daß Gottes Liebe zu uns immer am Anfang steht, der hat schon gewonnen. Wer aber immer geliebt werden will und nicht erfahren hat, daß er immer schon geliebt wurde, der hat es sehr, sehr schwer. Das kann, um ein Beispiel zu nennen, auch ein liebevoller Ehepartner nicht mehr gutmachen. Ganz abgesehen davon, daß ja leider ein Mensch, der sich nicht geliebt fühlt, oft auch nicht liebenswert ist. Das Unglück ist ja immer ein Teufelskreis, eine Spirale, die abwärts führt.

Zum Schluß möchte ich noch gern wissen: Wonach wären Sie denn gern gefragt worden?

Sie haben mich gar nicht nach meiner Familie gefragt.

Nein, weil ich aus Ihren Büchern den Eindruck hatte, daß Sie alles Private gern unkommentiert lassen möchten. Ich wollte nicht indiskret sein.

Also, eins dieser Bücher ist meiner Frau gewidmet, das zeige ich Ihnen mal, weil ich stolz darauf bin. Da steht: „!nur du Gudrun!". Mit zwei Ausrufezeichen. Ein Hinweis, daß man diese Worte auch rückwärts lesen kann. Ein Palindrom. Sie kennen ja das bekannteste, es ist von Schopenhauer: „Ein Neger mit Gazelle zagt im Regen nie." Dieser Schwur an meine Frau „Nur du Gudrun!" ist doch ganz passend für einen Ehemann, der mit einer Gudrun verheiratet ist. Und ich bin stolz, weil ich das erfunden habe.

Sie haben auch Kinder.

Ja, Laura ist zehn, Eva sieben. Und seit die beiden selbständig genug sind, hat meine Frau mit dem Studium angefangen. Erwachsenenpädagogik. Das bekommt uns allen sehr gut. Ob meine viele Arbeit auch allen gut bekommt, muß ich leider bezweifeln. Und dabei bilde ich mir immer ein, daß es für mich am schönsten ist, Familienvater zu sein. Aber ich tue wohl alles, um anderes wichtiger erscheinen zu lassen.

Wie erholen Sie sich denn von der Arbeit?

Es ist nett von Ihnen, daß Sie die unvermeidliche Schlußfrage nach dem „Hobby" so elegant vermieden haben. Ja, wie erhole ich mich? Ich erhole mich von der Arbeit, indem ich arbeite. Am Wochenende in unserem alten Haus auf dem Lande, wo es immer was zu tun gibt: Dachziegel auswechseln, die Wiese mähen, einen Teich anlegen, die Dachrinne säubern. Diese körperliche Anstrengung, die der Erholung dient, konkurriert aber doch auch mit einer anderen Wunschvorstellung: auf dem Sofa sitzen, einen Bleistift in der Hand, und den Augenblick der Erkenntnis oder des Gelingens erleben. Ich weiß nicht, was von beiden Beschäftigungen mich glücklicher macht.

Vielen Dank für das Gespräch.

Also, ich habe das sehr genossen, mal interviewt zu werden. Vielleicht wäre das die dritte Form der Erholung? Wer weiß!

Gertrud Künner, Inge Armbruster
Es gibt so viel zu tun

GERTRUD KÜNNER, geboren am 30. Mai 1909 in Hamburg-Altona, war nach ihrer Ausbildung am Technischen Seminar für Hauswirtschaft und Sport von 1929–1938 Lehrerin an verschiedenen Konfessionsschulen Hamburgs. Nach Auflösung der kirchlichen Schulen wurde sie in den Staatsdienst übernommen. Vier Jahre lang arbeitete sie in der Kinderlandverschickung. An diese Zeit erinnert sie sich trotz aller Schwierigkeiten gern. 1946 erwarb Gertrud Künner das Lehrerexamen für Volks- und Realschulen und unterrichtete dann ab 1955 an der katholischen Schule Eulenstraße in Altona, deren Leitung sie von 1964–1974 bis zu ihrer Pensionierung hatte.

Während der Schulzeit schon begann sie zusammen mit den Müttern ihrer Schüler erste Hilfsaktionen für ein Kinderheim in Indien, vermittelt durch einen indischen Theologiestudenten, den jetzigen Bischof von Poona. Für dieses „St. Anthony's Home" führt Frau Künner seit 1970 gemeinsam mit einer Bastelgruppe der katholischen Gemeinde in Altona Weihnachtsbasare durch.

Aber noch weitaus bekannter wurde ihre „Marmeladen-Aktion". Gemeinsam mit ihrer Freundin Inge Armbruster werden Früchte gesammelt, Marmelade gekocht und verkauft. Aktivität und Freude stecken an: Wieviele Menschen – über die Gemeinde hinaus – in-

zwischen an dieser Aktion beteiligt sind, ist nicht mehr ganz über-
schaubar. Es gibt kaum einen Tag, an dem nicht Plastiktüten mit
leeren Gläsern, Rhabarberstangen oder Gelierzucker vor ihrer Tür
stehen.

INGE ARMBRUSTER wurde am 19. Dezember 1916 in Rahlstedt geboren und besuchte zunächst ebenfalls das Ursulinen-Lyzeum,
wurde dann nach der mittleren Reife Sekretärin an einem Privatin-
stitut für Steuer- und Wirtschaftsrecht in Hamburg, wo sie jetzt als
Geschäftsführerin arbeitet.
Seit einer Romreise 1950 besteht die Freundschaft mit Gertrud
Künner. Gemeinsam werden nun Arbeit und Vergnügen des Mar-
meladekochens bewältigt. Ohne Freundschaft und gegenseitige
Ermunterung ginge es nicht. Aber zu zweit macht es Spaß.

*F*rau Künner, Sie haben als Lehrerin und Schulleiterin immer
mit Kindern zu tun gehabt. Jetzt gilt Ihr Engagement Kindern
*in der dritten Welt. Die Art und Weise, wie Sie ihnen helfen, ist
sicher einzigartig und sehr originell. Wie sind Sie auf diese Idee
gekommen?*

Die Idee kam von selbst. Wir haben – wie es ja viele Leute
tun – im Sommer Himbeeren und Brombeeren gepflückt
und davon Marmelade gekocht. Ein paar Gläser wurden mitgenommen und auf unserem Gemeinde-Basar in Altona verkauft: drei Gläser für zehn Mark. Der Preis ist ja auch so geblieben, nur, daß es jedes Jahr mehr Gläser wurden. Eintau-
sendfünfhundert Gläser sind es jetzt. Aber das ist zuviel!
Nicht zuviel Marmelade, die werden wir los! Zuviel Arbeit.
Sehen Sie, ich bin jetzt 75 Jahre, meine Freundin ist auch
bald 70, und wir stehen doch den ganzen Sommer über oft
bis nachts um zwölf an den Entsaftern und Kochtöpfen und
fallen fast um vor Müdigkeit. Aber immer, wenn ich nicht
mehr mag, sagt meine Freundin: „Dies machen wir noch fertig! Nur dies noch!" Allein hätte ich längst aufgehört.
Und immer, wenn wir es gerade geschafft haben, kommen

am nächsten Tag Leute und bringen neues Obst. Sie bringen, was gerade reif ist: zuerst Rhabarber und Erdbeeren, dann Kirschen, Johannisbeeren, später Pflaumen und Äpfel ... Aber viele Früchte pflücken wir selbst. Das ist ja herrlich, so morgens um sieben auf die Felder zu fahren zum Erdbeerpflücken, wenn noch alles feucht ist vom Tau. Das ist so schön! Oder im Herbst dann, wenn die Fliederbeeren an den Knicks reif sind ...

Wissen Sie, mein Bruder reist nach China oder Südtirol, aber wir sind so gern draußen in unserer Landschaft hier. Oder wir sind am Pönitzer See in unserm Sommerhaus. Wenn die Himbeeren dann gepflückt sind, kommen sie gleich in den Entsafter. Ich gehe dann erstmal zum Schwimmen in den See, und wenn ich zurückkomme, ist der Saft schon da und fertig zum Abfüllen. Das macht ja Spaß, und es soll ja Spaß machen und nicht nur Arbeit sein.

Und manchmal, wenn es gerade kein Obst gibt, gehen wir sonntags auf den Fischmarkt, kurz bevor eingeräumt wird, und dann kaufen wir das Obst kistenweise. Aber in diesem Jahr gibt es nicht so viel Obst.

„Das glaube ich nicht", sagt ihre Freundin, „das haben wir noch jedes Jahr gesagt. Und nun wissen es schon so viele Menschen und bringen uns etwas. Das ist ja auch schön. Nur manchmal wird es zuviel. All das Geschleppe! Den Gelierzucker kaufen wir ja zentnerweise, wenn er gerade billig ist. Der kommt dann gleich in den Keller. Unseren Keller müßten Sie mal sehen! Kommen Sie mal mit!"

Die Gläser türmen sich — in Obstkisten nach Deckelbildern sortiert — bis zur Decke. Woher kommen all die vielen Gläser?

Die Leute bringen sie uns. Überall, wo wir sind, stehen leere Gläser vor der Tür. Vor unserem Sommerhaus am Pönitzer See, hier vor der Hamburger Wohnung natürlich. Sogar in der Kirche. Stellen Sie sich vor: leere Marmeladengläser im Beichtstuhl! Eine ganze Plastiktüte voll. Ich dachte: Das geht ja wohl zu weit! Aber der liebe Gott versteht das schon. Es ist ja für die Kinder. Und mir selbst geht es ja auch schon so: Wenn ich im Gottesdienst sitze, sehe ich Frau Krause und denke: Richtig! Die wollte ja auch noch drei Gläser Erdbeermarmelade! – Schlimm, nicht? Ich schäme mich auch und sage dann manchmal: Lieber Gott, nimm es mir nicht übel. Es ist ja für dich!

Und mit dem Verkauf all der Marmelade haben Sie keine Probleme?

Nein. Über ein Drittel ist schon verkauft, bevor der Basar anfängt. Wir haben unsere festen Kunden inzwischen. Ein Fischhändler zum Beispiel, der regelmäßig kommt, sagte neulich:
„Sie verkaufen doch immer drei Gläser zusammen. Geben Sie mir also eine Zahl, die durch drei teilbar ist. Geben Sie mir sechzehn."
„Sechzehn?" frage ich.
„Sechzehn", sagt er.
Ich hab' ihm sechzehn Gläser gegeben. Wir wollen ja zufriedene Kunden.

Mit dem Erlös helfen Sie Kindern in Indien und anderen Teilen der Welt. Wie sind Sie gerade auf Indien gekommen?

Wir lernten durch meine Familie einen Inder kennen, den Valerian, der hier in Deutschland Theologie studierte. Er war, als er später nach Indien zurückging, für ein kleines Waisenheim zuständig. Und er erzählte uns, unter welchen Bedingungen die Kinder dort leben. Es fehlte eigentlich alles. Da haben wir beschlossen zu helfen. Inzwischen ist es ein großes Heim mit staatlichen Zuschüssen, aber wir helfen mit, was Kleidung, Einrichtung und Ausbildung angeht. Manchmal kommt Valerian nach Deutschland – er ist ja jetzt Bischof von Poona –, dann besucht er unsere Gemeinde und erzählt von seiner Arbeit, wie er durch seine Diözese reist, im Jeep oder auch im Ochsenkarren. Er zeigt uns Dias. So haben wir guten Kontakt mit den Christen in Indien.

*Möchten Sie nicht einmal zu zweit oder mit einer Gemeinde-
gruppe nach Indien fliegen und sehen, was aus all Ihrer Arbeit geworden ist?*

Pater Valerian möchte es sehr gern. Er drängt darauf, daß wir
nach Indien kommen. Aber ich weiß nicht recht. Unser Eng-
lisch ist nicht gut genug. Und wenn wir dann da sind, hat er
ja gar nicht viel Zeit für uns. Und wenn ich an die Hitze
denke und die Armut... ich weiß nicht, ob ich das ertragen
könnte. Es ist ja auch eine sehr lange Reise, nein, dafür bin
ich – glaube ich – zu alt. Wir können auch so eine gute Verbindung halten, das Reisen müssen Jüngere tun.

*Und was ist Ihnen hier in Deutschland an Ihrer Kirche wichtig,
Frau Künner?*

Eben dies, daß wir alle zusammen etwas tun, daß wir gemeinsam arbeiten. Sehen Sie, Kirche, das ist ja nicht nur:
meine Seele und Gott, das ist ja auch die Verbindung untereinander. Ich meine, daß man sich kennt und miteinander
redet. Daß man weiß, wer Hilfe braucht und wer helfen
kann.
Was mir wichtig ist an meiner Kirche? Das wichtigste ist natürlich der Gottesdienst. Ich gehe manchmal auch an Wo-
chentagen in die Kirche. Das brauche ich. Wo soll die Kraft
sonst herkommen? Es ist doch so, wie unser Pfarrer es einmal in einer Predigt gesagt hat – ich werde das nie vergessen: Es gibt die beiden Balken des Kreuzes: den senkrechten
(ich gucke zum Herrgott und er zu mir) und den waagerech-
ten (wir alle gehören zusammen). Miteinander sollen wir
Gott loben und arbeiten. Und wir sind füreinander vor Gott
verantwortlich.

*Verantwortlich fühlen Sie sich auch für Menschen in der dritten
Welt.*

Ja, das hat bei uns immer dazugehört. Ohne diese Beziehung zu Menschen, die unter anderen Bedingungen in ande-

ren Ländern leben, wäre mir die Kirche zu eng. Sie würde an sich selbst ersticken. Da fehlt der frische Wind. Und für mich selbst gehört die Beziehung zu indischen Christen zu meinem Leben, das kann ich nun nicht mehr lassen. Da würde mir alles fehlen.

Wenn nun der Herbst kommt und das Marmeladekochen vorbei ist, gibt es dann eine Ruhepause?

Nein, dann kommt unsere Winter- und Frühjahrsarbeit. Das heißt: Arbeit ist es eigentlich nicht. Pflanzen wachsen ja von selbst. Sehen Sie, hier auf den Fensterbänken. Die ersten Ableger sind schon gesteckt. In den Töpfen ist Saat. Später werden die Pflanzen dann pikiert und in kleine Joghurtbecher und Töpfe gepflanzt. Das sind die Gewinne für die Tombola. Das ist alles für den Basar, aber auch für den Missionssonntag. Da helfen viele mit.

Und das Strickzeug in Ihrer Hand? Was wird daraus?

Sie dürfen raten, aber Sie können es wohl nicht raten. Das wird das gelbe Hemd für einen Pumuckl. Sonst haben wir immer Handpuppen gestrickt, aber nun will ich mal etwas anderes versuchen. Meine Cousine schickte mir ein Muster – hier ist es –, wir wollen den Pumuckl für 25.– DM verkaufen. Das macht ja Spaß.
Die schlimmste Arbeit ist eigentlich der Flohmarkt. Wissen Sie, da gehe ich hin und räume alte Nachlässe auf und suche heraus, was noch brauchbar ist: Lampen und Emailleschüsseln, Bilder und Bücher oder alte Schallplatten. Man weiß ja, was gekauft wird. Und von selbst kommen die 20 000.– DM vom Basar nicht zusammen. Aber viele helfen mit. Man stöhnt ein bißchen, und dann geht es wieder. Und wenn ich denke, wievielen Menschen es hilft – z. B. unserem Kindertagesheim hier in Altona –, dann ist das schon ein bißchen Arbeit und Phantasie wert.
Es gibt ja noch zwei andere Projekte auf den Philippinen

und in Bolivien, die von Freundeskreisen und Gemeinde-gruppen unterstützt werden – all das ist ganz wichtig.

„Es muß etwas geschehen", sagt meine Freundin immer. „Es muß uns etwas einfallen!" Und merkwürdig: Es fällt einem etwas ein. Oder die anderen Leute haben Ideen und Vorschläge. Eigentlich muß man nur die Augen aufmachen: Es gibt so viel zu tun, und es gibt so viele Möglichkeiten.

Reimer Speck

Wenn Menschen Christus begegnen

REIMER SPECK, Pastor und Missionar, ist 75 Jahre alt. Seine Vorfahren stammen vom Dithmarscher Gestrand zwischen Meldorf und Albersdorf. Nicht ganz so freiheitshungrig wie die echten Marschbauern, aber doch nicht ohne Fernweh, sind der Vater und Bruder als Missionare nach Indien gegangen. Dort wurde Reimer Speck am 2. September 1910 geboren.

Der Erste Weltkrieg beendete die Arbeit in Indien, die Familie kehrte nach Deutschland zurück, wo Reimer Speck dann in Nordfriesland aufwuchs.

Eigentlich wollte er Physiker oder wenigstens Ingenieur werden. Aber dann erschien ihm der Umgang mit Menschen doch wichtiger als der mit Eisen. So wurde er Theologe. Er studierte in Bethel, Zürich, Königsberg, Erlangen und Kiel. Nach dem Examen verlobte er sich mit Eline Tonnesen und reiste 1936 zum ersten Mal nach Indien aus. Ein Jahr später durfte seine Verlobte nachreisen.

Dreißig Jahre haben beide zusammen als Missionare gearbeitet. Wegen der Ausbildung ihrer sechs Kinder kehrte Frau Speck 1966 nach Deutschland zurück. In Molfsee bei Kiel wurde eine alte Strohdachkate gekauft und renoviert. Dort verbrachte Reimer Speck jedes Jahr einige Monate, während Indien die heiße Zeit und den Monsun überstehen mußte, und kehrte dann für den Rest des Jahres nach Indien zurück. Nach zehn Jahren ging er 1976 in den Ruhestand; das heißt, er reiste nur noch für kürzere Zeit nach Indien.

Ob er noch einmal – zum letzten Mal – nach Indien fährt? Wer will es wissen? „Vielleicht", sagt er, „sollte ich mich um meine Bronchitis und meine alten Knochen gar nicht kümmern und einfach fahren. Ich glaube, das wäre das beste!"

S ie haben über vierzig Jahre als Missionar in Indien gearbeitet. Wie kommt man dazu, Missionar zu werden?

Ich glaubte Jesus. Ich glaubte seinem Wort: „Geht hin in alle Welt und macht zu Jüngern alle Völker und tauft sie . . ."

Nach dem Studium habe ich mich bei der Breklumer Mission gemeldet. Aber als ich in Husum meinen Paß abholte, sagte der Beamte, braun gekleidet – es war das Jahr 1936 –: „Du hast einen Vogel! Aber ich kann dir den Paß nicht verwehren."

Was Glaube und Religion waren, das bestimmte das deutsche Herz – so hieß ihre These. Ich dagegen fand: Was wirklicher Glaube ist, das müssen wir uns sagen lassen. Das Herz hat schon zu oft geirrt. Und das lernt man vielleicht am besten im Gegenüber mit dem Heidentum, bei den echten Heiden in Indien.

Romantik oder Abenteuerlust waren vielleicht auch dabei. Aber eigentlich wußte ich gut, daß ich zu Menschen ging, die nichts galten und nichts hatten. Schließlich war mein Vater schon bei ihnen gewesen.

Und warum ich gerade nach Indien ging? Ich weiß es nicht. Vielleicht könnte ich eher sagen, warum ich so lange dort geblieben bin und später dann immer wieder hinfuhr: Es wurde immer faszinierender, sich gerade um Menschen zu kümmern, die ganz abseits der bekannten Missionsgebiete lagen, um die sich sonst niemand bemühte: um die sehr arme Bergbevölkerung, die Adivasi. Sie bewohnen ja 75 Prozent des Jeyporelandes.

Sie sind dann der Adivasi-Missionar geworden.

Ja, dafür gab es zwei Gründe. Oder sogar drei.
Als ich – wie üblich – mit einer Gruppe christlicher Katecheten durchs Land zog, hieß es immer wieder: „In das Dorf da drüben brauchen wir gar nicht erst zu gehen. Da sind keine Leute." Bis ich skeptisch wurde und nachschaute: Es waren keine Hindus in dem Dorf, aber viele Adivasi. Adivasi sind „keine Leute". Mir war schlagartig klar: Wenn *ich* nicht zu ihnen gehe, dann tut es keiner!
Aber im Grunde habe ich das schon früher begriffen. Viel früher! Während der ersten sechs Monate in Indien wohnte ich ja bei dem alten Missionar Gloyer. Meine Verlobte kam erst ein Jahr später nachgereist. So war das früher. Mit Gloyer habe ich also jeden Abend zusammengesessen, und er hat mir so einiges erzählt.
„Wenn man das Land für Jesus gewinnen will", sagte er, „muß man die Adivasi gewinnen." Er hatte erste Erfolge bei ihnen. Gemeinden entstanden. Aber dann kamen die kastenlosen Dombos und wollten auch zum Taufunterricht zugelassen werden. Die Adivasi waren dagegen. Sie sagten: „Tun Sie das nicht, Missionar! Wenn Sie es tun, kommt unser ganzes Volk nicht! Sie wollen mit den Dombos nichts zu tun haben."
„Ich wußte", sagte Gloyer, „daß es so kommen würde. Aber wenn Gott mir die Dombos vor die Haustür schickte, wer war ich, daß ich nein sagen konnte?"
Er hat sie akzeptiert und von da an den Kontakt mit den Adivasi verloren. Das war die Tragik seines Lebens. Darunter hat er all die Jahre gelitten. Er ist daran gescheitert.

Und Sie haben seine Tragik dann auf Ihre Schultern genommen?

Ich wußte, ich muß zu den Adivasi gehen und noch einmal von vorn anfangen. Und noch etwas anderes kam dazu: Ich baute damals mit einer Gruppe von zwölf jungen Adivasi das Krankenhaus in Nowrangapur. Zwischendurch zog ich mit ihnen durch die Dörfer zum Predigen. Ich rauchte damals sehr viel. Und wenn ich dann vom vielen Reden und Qualm vor Husten nicht weitersprechen konnte, dann brachten sie meine Predigt zu Ende.

Mit ihnen saß ich eines Tages vor dem Hospital unter einem Baum, als der Küster, ein Dombo, kam und sich zu uns setzte. Nach einer Weile sagte er: „Nun seid ihr so viel mit dem Missionar herumgereist und kennt wirklich alles, was er sagt. Warum werdet ihr keine Christen?" Einer von ihnen sagte: „Wir würden ja gern Christen, wenn ihr uns nur zulassen würdet." Ich traute meinen Ohren nicht, aber er meinte es ernst. Der Küster dagegen hatte seine Frage nicht ernst gemeint. Er ging lachend weg. Als Dombo konnte er sich nicht vorstellen, daß Adivasi Christen würden. Aber ich wußte, gerade sie, die in den Augen der Hindus „Nichtse" sind, hat Gott gewollt – und ich mußte ihnen das sagen.

Hat das Evangelium irgend etwas im Leben der Adivasi verändert? Sie haben heute morgen über die Verse aus Jesaja 55 gepredigt: „Mein Wort soll nicht leer zu mir zurückkommen, spricht Gott, sondern wird tun, was mir gefällt, und es wird ihm gelingen, wozu ich es sende . . . es sollen Zypressen wachsen statt Dornen." Gab es solche Erfahrung in Ihrer Arbeit?

Ob sich etwas ändert, wenn die Adivasi Christen werden? Da muß man vorsichtig sein. Was ändert sich denn bei uns, wenn wir Christen werden? Und was davon kann man sehen?

Sicher ändert sich etwas. Die Adivasi haben durch dieses Wort Boden unter die Füße bekommen. Sie sagen: Bei euch sind wir Menschen geworden. Sie wissen: Gott liebt uns! Ausgerechnet uns! Und so finden sie zu sich selbst. Es entsteht ein neues Selbstverständnis. Aber es ist wie bei uns: Glaube und Unglaube liegen immer dicht beieinander.

Ich selbst komme auch nie über das Stadium hinaus: „Ich glaube, lieber Herr, hilf meinem Unglauben." Das ist eigentlich das Deprimierende, daß man auch mit zunehmendem Alter nicht intensiver glauben lernt.

Aber ich wollte eine Adivasi-Geschichte erzählen, die etwas aussagt über das Nebeneinander von Glauben und Unglauben:

Ein Bauer hatte ein herrliches großes Feld. Aber es war unbestellt. „Warum?" „Dämonen!" „Wie kommst du darauf?" fragte ich. „Hat der Priester gesagt!" „Wie kommt der Priester darauf?" „Will ich dir erzählen! Drei meiner Söhne sind gestorben, als sie den Stubben am Ende des Feldes zu roden versuchten. Sie wollten das Feld vergrößern. Da hat der Priester gesagt: Laßt die Finger davon! Und seitdem hungern wir. Kannst du etwas dabei machen, Missionar?"

Wir haben in gutem Glauben das Feld gepflügt. Vorher habe ich den Bauern und seine Frau gerufen, auch den Evangelisten, den ich in dieses Dorf geschickt hatte, und mit ihnen auf dem Feld ein Gebet gesprochen. Zwei Tage später sagte der Bauer zum Evangelisten: „Ich trau' mich nicht, das Feld zu bestellen." Aber der sagte: „Du kannst dich darauf verlassen!"

„Gut, dann liefere mir den Beweis. Komm mit auf das Feld, und sag du auch noch ein Gebet. Dann zieh deine Sandale aus, und schlage dreimal auf den Stubben. Dann will ich es glauben."

Das hat der Evangelist getan. Aber der Bauer hat immer noch Angst gehabt. Er sagte ein paar Tage später: „Ich trau' mich nicht, das Feld zu bestellen. Ihr Christen seid andere Leute als wir. Ich mache dir einen Vorschlag: Du kannst meinen Acker umsonst haben und ihn drei Jahre lang bestellen."

Und so haben sie es gemacht. Nach einem Jahr etwa sollte der Evangelist zu einem Fortbildungskursus nach Kotapad reisen. Da sagte seine Frau: „Wir könnten doch am Abend vorher noch ein kleines Erntedankfest feiern und zum ersten Mal von der neuen Ernte essen. Und dann fährst du los und nimmst unseren kleinen Sohn mit."

Das haben sie getan. Unterwegs im Auto wurde der Junge krank. Und als sie in Kotapad ankamen, war er bereits tot. Man kann sich vorstellen, was die Leute im Dorf gesagt haben. Aber der Evangelist ging in sein Dorf zurück. Er hat weiter gepflügt und gepflanzt. Sie haben von den Ernten gegessen, und es ist nichts mehr passiert. Später bekam der Bauer sein Land zurück.

Das Gebet, das ich sprach, konnte als Gegenzauber mißverstanden werden. Es hat bei dem Bauern ja auch nicht viel Glauben bewirkt. Aber daß der Evangelist in das Dorf zurückgegangen ist und den Acker weiter bestellt hat, obwohl sein Sohn starb, das ist Glaube. Ein Glaube, den das Wort gewirkt hat.

Und wenn ich an die Freude denke, wenn die Christen sonntags ihre Gottesdienste feiern und singen – das ist doch auch ein Zeichen, daß Gottes Wort nicht leer zurückkommt.

Manchmal war es so, daß ganze Dörfer sich taufen ließen. Ich gab ihnen zwei Wochen Taufunterricht und schickte ihnen Evangelisten, die bei ihnen wohnten. Morgens um fünf habe ich mit dem Unterricht begonnen. Zuerst kamen die alten Männer, die – weil ihnen die Knochen weh taten – nicht mehr auf ihren Matten liegen konnten. Die Morgenluft war kalt. Sie machten ein Feuer, hockten sich darum herum und drehten sich eine Zigarre. Dabei erzählte ich ihnen Geschichten und Gleichnisse ... vom barmherzigen Samariter und vom verlorenen Sohn. Das verstanden sie ganz unmittelbar. Sie wußten: Das sind wir! Gott liebt uns!

Bedeutet es also gerade keine Entfremdung, wenn die Adivasi Christen werden? Den Missionaren wird ja oft der Vorwurf gemacht, Kultur und Religion fremder Völker zu zerstören.

Ich weiß. Aber er wird meist von denen erhoben, die nie bei diesen „fremden Völkern" waren und die Angst vor Dämonen, die einem „die Seele wegfressen", nie aus der Nähe erlebt haben. Ich denke, wenn Menschen Christen begegnen, ob hier oder irgendwo in der dritten Welt, werden sie nicht entfremdet, sondern kommen zu sich selbst, werden sie selbst. Liebe macht frei, und sie macht wach. Sie öffnet ihnen die Augen, daß sie sehen: Wir müssen uns nicht unterdrücken lassen. Wir haben ein Recht auf Leben und Land und Nahrung. Gott will unser Leben. Sie können sich darum auch für die einsetzen, die neben ihnen leiden. Ein Adivasi sagt es in einem Gebet einmal so: „Komm zu uns, Herr, und mache die guten Dinge besser. Beseitige, was nicht gut ist. Ja, Herr, komm bald!"

Sicher haben wir Missionare vieles falschgemacht. Aber jeder, der aufsteht und etwas tut, macht Fehler. Und der, der zu Hause im Sessel sitzenbleibt, erst recht.

Ob ich ihre Kultur zerstört habe? Ich habe versucht, etwas gegen ihre Angst zu sagen, das Evangelium gegen die Dämonen zu setzen und gegen die stumpfe Ergebenheit, die alles über sich ergehen läßt. Ich habe eigentlich immer nur eines versucht: ihnen Christus vor Augen zu stellen. Dann werden gefürchtete Geister plötzlich unartige kleine Nichtse. Und das ist eine große Veränderung.

Ist es nicht schwer, mit Menschen zu arbeiten und zu leben, die ganz anders sind als man selbst? Kann man solche Menschen lieben?

Ein Afrikaner hat ja einmal gesagt: „Die Missionare lieben uns, aber sie mögen uns nicht." Gibt es wahrhaftige Liebe gegenüber andersartigen, fremden Menschen?

Es ist ja so eine Sache mit der Fremdheit und dem Anderssein: Wenn sie andere Handbewegungen machen als ich, so kann das sehr reizvoll sein, graziös, geradezu begehrenswert. Wenn sie die Kirchenkasse beklauen, können sie es mit noch so europäischen Gesten tun, es bleibt reizlos. Oder die arischen, betelnußkauenden Brahmanen, die spucken, wo sie gehen und stehen, das ist zuerst außerordentlich unappetitlich. Solch ein Mund entwickelt unbeherrschte Züge beim ewigen Kauen und Spucken. All das ist unsympathisch – aber kaum mehr als andere Dinge hier zu Hause auch. Wenn ich sie wegen ihrer Eigentümlichkeiten nicht lieben kann, dann muß ich mit ihnen arbeiten, das hilft. Vielleicht entsteht dabei Liebe oder so etwas wie Mitgefühl, Sympathie.

Gab es auch Undankbarkeit und Ablehnung?

Für mich kehrt sich die Frage eher um. Ich habe sicher – in vielen Fällen weiß ich es genau; ich sehe das entsetzte Gesicht noch vor mir – indische Mitarbeiter vor den Kopf gestoßen und ungerecht behandelt. Und, soviel ich weiß, hat keiner zurückgeschlagen. Attacken in Briefen gab es ein paar Mal. Man ließ den Zettel vor mir auf die Erde fallen, dort, wo ich hinkommen mußte. Ich nahm den Brief und hängte ihn in den Gemeinde-Schaukasten. Da konnte ihn jeder lesen. Aber diese Briefe kamen nicht von den Adivasi.

Gegen Ende meiner Zeit wurde es für mich immer mühsamer, zu den Adivasi zu gehen, sich aufraffen, wieder einmal zehn Tage mit Zelt und Feldbett zu Fuß von Dorf zu Dorf. Immer die gleiche Situation, die gleichen Fragen oder das gleiche Desinteresse, die gleiche Fremdheit. Das wurde unendlich mühsam. Aber was ist all das verglichen damit, daß ich erlebte, wie ein Bergvolk von etwa einer Million Menschen, das sich achtzig Jahre allen Anstrengungen der Mission entzog, dann anfing, seine Tore zu öffnen!

Wäre ich zwanzig oder vierzig Jahre alt, ich würde Missionar werden. Nicht mit dem Wunsch, mich dort zu erfüllen oder zu finden, sondern mich zu verschleißen und zu verlieren. Ich wüßte sogar den Platz, wo ich den Versuch machen wollte. Den Versuch, ihnen Christus so zu predigen, daß sie ihn als ihren Herrn begreifen.

Ob ich durch meine Arbeit Freunde gewonnen habe? Das müßte man dort fragen. Kastenlose Inder zeigten Sympathie und Dank auf ihre Weise: Sie hängten den Missionaren, die sie besuchten, kleine silberne Kreuze um. Manche Missionare haben ganze Schachteln voll davon. Ich habe nie solch ein Silberkreuz bekommen. Aber zum Schluß schenkten mir die Adivasi ein goldenes Kreuz, und meiner Frau auch.

Man spürt, daß Sie gern Missionar gewesen sind. Sie haben Ihr

Leben für die Adivasi hingegeben. Haben Sie eigentlich je etwas für sich selbst zurückerhalten?

Ich weiß es nicht. Darüber habe ich nie nachgedacht. Und ich habe das nie erwartet. Aber, was ich von ihnen gelernt habe, was mich am stärksten beeindruckt hat, ist die Unmittelbarkeit ihrer Frömmigkeit. Gebet und Gottesdienst sind ganz selbstverständlich ein Stück Leben. Beten gehört unbedingt dazu – und davon sind wir weit entfernt.
Es ist so wie bei Abraham, der ja eine große Rolle bei ihnen spielt. Es heißt ganz einfach: Und Abraham glaubte Gott. Das genügt. Es ist so einfach, daß man es fast nicht glauben kann. Ja, das sind ihre Geschenke an mich. Große Geschenke.

Glauben Sie, daß es solche Unmittelbarkeit zu Gott und solch spontane Freude nur noch bei solchen Völkern wie den Adivasi gibt?

Wir haben da von unserem rationalistischen Erbe her sicher größere Mühe. Aber ich meine, das Größte an Abraham war eigentlich, daß er in seinem Leben nie so etwas wie ein Held wurde, also unerreichbar. Jeder kann wie Abraham werden. Jeder Adivasi und jeder Europäer. Jeder kann im Glauben an Gott seine Identität finden. Abraham glaubte Gottes Worten, und das ist alles.

Zum Schluß noch eine ganz persönliche Frage: Sie haben viel über Gleichnisse und Worte Jesu gepredigt. Wie würden Sie Ihre Beziehung zu Christus beschreiben?

Ich weiß es nicht. Aber . . . es gibt ein Bild in einer skandinavischen Kirche, ein Bild von der Auferstehung Jesu. Unten in der Ecke steht ein Mann und hackt Holz. Er merkt gar nicht, daß Jesus von den Toten aufersteht. Ich denke, ich bin der Mann mit der Axt. Aber ein Adivasi kommt, nimmt mir die Axt weg und zeigt auf Christus.

Elisabeth Lewertoff

Die Geschichte in meiner Brieftasche

ELISABETH LEWERTOFF – geboren am 12. Februar 1937 in Hamburg
– wurde nach dem Besuch einer Konfessionsschule Speditionskaufmann und hat in diesem Beruf in Hamburg und später in Westfalen
mehr als zehn Jahre gearbeitet. Anschließend – von 1961–66 – war
sie Hausmutter in einem Hamburger Studentenheim. An diese
Zeit denkt sie besonders gern zurück. Außerdem gab sie Freizeitkurse in einem Spielplatzheim, weil ihr die Arbeit mit heranwachsenden Kindern viel Freude macht. Frau Lewertoff ist verheiratet
und hat einen erwachsenen Sohn.
1979 eröffnete sie ihren ersten Handarbeitsladen in Hamburg-Eidelstedt, später einen weiteren in Halstenbek. In diesem neuen Beruf kann sie ihre beiden Wünsche verwirklichen: kreativ tätig zu
sein und Kontakt mit Menschen zu haben.

Frau Lewertoff, wie kamen Sie damals vor fünf Jahren auf die Idee, einen Handarbeitsladen zu eröffnen?

Wissen Sie, ich habe immer viel gestrickt und genäht. Aber ich hatte ja Speditionskaufmann gelernt, und zu Hause – als Hausfrau und Mutter – fehlte mir der Kontakt zu Menschen. Als mir dann eines Tages jemand erzählte, in Eidelstedt sei ein Laden zu mieten, bin ich sofort hingefahren. Dreimal war ich da, aber dann wußte ich: Dieser kleine Laden mitten zwischen all den Hochhäusern, das ist genau das richtige. Hier wohnen jedenfalls genug Menschen!

Ich ließ mir die Kassenbücher der Vorbesitzerin zeigen. Da stand auf der Einnahmenseite, sorgfältig aufgerechnet: DM 312.–.

Ich fragte: „Was ist das? Die Tageseinnahme?"

„Nein", sagte sie, „das ist der letzte Monat!"

„Du liebe Zeit!", dachte ich, „das wird ja nie etwas! Das reicht ja nicht einmal für die Miete."

Aber dann wußte ich, warum die Einnahmen so niedrig waren: Im Schaufenster lag Wolle, gute Qualität, aber so langweilig! Sie können es sich kaum vorstellen. Ich dachte: Das werde ich ändern! Ich schaffe es. Ich mache es ganz anders: lauter modische Sachen, schöne Farben, viele Anregungen, eine neue Ladeneinrichtung ...

So fing ich an. Nach ein paar Wochen hatte ich abends einmal 6.– DM in der Kasse. Ich hatte den ganzen Tag Kunden beraten, aber nur eine Häkelnadel und eine Rundstricknadel verkauft. Ich wollte niemanden zum Kauf überreden, sondern freundlich und geduldig mit meinen Kunden sein. Und ich glaube, das zahlte sich aus. Nach einem Viertel-, vielleicht auch Dreivierteljahr kamen sie wieder. Sie kauften Wolle für den ersten Pullover, für den zweiten dann oder für eine Jacke. Es war Herbst und wurde Weihnachten. Einige reichten mir eine Tüte Salzgebäck oder Plätzchen durch die Ladentür. Oder sie sagten nur schnell: „Ich brauche heute nichts. Aber: Frohes Fest!" Und ich habe mich so gefreut. Sie glauben nicht, wie ich mich gefreut habe.

Und jetzt ist Ihr Laden immer voll. Sie haben umgebaut und er-
weitert, einen zweiten Laden in der Nähe eröffnet. Und Sie ste-
hen dann mitten zwischen Ihren Kunden und erklären in aller
Ruhe – auch zum dritten Mal –, wie man einen Halsausschnitt
strickt. Mir haben Sie den Maschenstich gezeigt. Aber was mir
auffiel: Sie beraten Ihre Kunden ja nicht nur, sondern Sie hören
zu und reden. Und da geht es dann um Themen, die mit dem Strik-
ken gar nicht mehr viel zu tun haben.

Sehen Sie, ich kann das so gut verstehen: Wenn die Rentne-
rinnen morgens ihre Einkaufsrunde machen, dann mögen
sie gern mal zehn Minuten reden, das kann man im Supermarkt ja nicht. Sie müssen mal „drei Reihen schnacken", wie
man so sagt. Ich frage sie dann: „Na, Frau Kröger, wie geht's
denn heute Ihrem Mann?" Und Frau Kröger stellt ihre Ein-
kaufstasche hin, setzt sich auf den Hocker und stützt den Ellbogen auf den Ladentisch. Frühmorgens ist ja noch nicht so
viel los.
Was ich eigentlich möchte, wenn ich nur den Raum dafür
hätte: ein kleines Café einrichten, nur so eine Ecke im Laden. Drei, vier Tische, wo die Leute sich gemütlich hinsetzen
und bleiben können, solange sie wollen. Ich weiß, ich kann
nicht viel helfen, aber fragen und zuhören kann ich, und ich
sage auch, was ich denke.

Ich glaube, solch ein kleines Café wäre sehr schön. Aber auch
solch ein Laden, wie Sie ihn haben, ist sehr wichtig. Nur kostet
das alles viel Kraft. Wie schaffen Sie das, wenn Menschen Sie den
ganzen Tag über ansprechen – mit Fragen und Geschichten, mit
kleinem Kummer und auch großen Sorgen? Wie hält man das
aus?

Ich bin abends ganz schön kaputt. Und manchmal rufe ich
meinen Mann an und sage: „Tu mir einen Gefallen, und hole
mich nicht vom Geschäft ab. Ich brauche den Nachhause-
weg. Laß mich allein fahren." Und er versteht das. Manchmal hat er dann schon den Tisch gedeckt. Das genieße ich.

Und zu Hause ist das dann so eine Insel des Friedens. Darauf bin ich sehr angewiesen. Harmonie und Frieden sind für mich das wichtigste.

Aber das gibt es ja auch zu Hause nicht immer auf Wunsch. Ihr Mann und Ihr großer Sohn haben ja auch ihre Sorgen und Enttäuschungen. Ich denke, in jeder Familie gibt es auch Spannungen.

Ja, leider. Man muß dann warten und ein bißchen zurückstecken. Man kann auch etwas tun für den häuslichen Frieden, man kann Frieden stiften und ausgleichen. Und das muß man tun, Frieden fällt einem nicht in den Schoß.
Andrerseits denke ich so oft: Ob einer Frieden findet und mit anderen in Frieden leben kann oder nicht, das hängt letztlich daran, ob er irgendwo in sich ruht. Und um in sich zu ruhen, muß er an etwas glauben. Ich will das mal so allgemein sagen. Manche glauben ja an die Natur, so nach dem Motto: Meine Kirche ist hinter dem Deich. In der freien Natur ist mir der Himmel näher als im Kirchengebäude. Da kann ich besser mit Gott reden. Ich kann das gut verstehen. Es muß ja jeder seinen Weg finden.

Und Sie haben Ihren Weg gefunden?

Ich glaube ja. Das heißt nicht, daß ich jeden Sonntag in die Kirche gehe, aber auch nicht nur zu Weihnachten! Manchmal, wenn ich im Auto sitze und gerade in der Nähe unserer Kirche bin, dann blinke ich und biege ab auf den kleinen Parkplatz und gehe zehn Minuten in die Kirche. Das brauche ich. Einfach so in Ruhe dazusitzen und vor Gott zu sein. Ich sage ihm dann, was mich beschwert. Wie soll ich sonst all das verkraften, was auf mich einstürmt?
Neulich z. B. kam eine Kundin in den Laden, die ich seit Jahren gut kenne. Man hatte ihr eine Brust amputiert, und sie erzählte es so beiläufig, so, als ob es nichts wäre. Dabei ist sie selbst Krankenschwester auf einer Radiologie-Station. Sie weiß also Bescheid. Ich konnte das nicht fassen. Es hat

mich tagelang beschäftigt, weil ich immer dachte: Wie würde ich in solcher Lage reagieren? Ich glaube, ich würde mir meine Ehe selbst kaputtmachen, weil ich einfach nicht glauben könnte, daß mein Mann mich trotzdem noch lieben würde. Ich weiß nicht, ob ich mich damit abfinden könnte. Aber zum Glück muß man Probleme ja nicht im voraus lösen. Ich hoffe einfach, daß dann, wenn ich die Kraft dafür brauche, die Kraft da sein wird.

Sie haben ja oft mit Menschen zu tun, die es schwer haben, die deprimiert und mutlos sind. Was – glauben Sie – könnte solchen Menschen helfen?

Ja, es gibt wirklich schwere Schicksale. Aber viele Menschen sind auch einfach nur unzufrieden und undankbar, und darum erscheinen ihre Probleme so groß. Ich sehe das ganz nüchtern. Man muß ihnen etwas anderes zu denken geben als nur ihr eigenes kleines Leben. Es gibt so viele, denen es viel schlechter geht. Wenn sie denen helfen würden, das wäre die beste Medizin für sie selbst. Mir geht es ja auch so. In den Zeiten, wo ich am Boden zerstört bin, ist es letztlich mein Laden, der mich aufrecht hält. Da kann ich mich nicht gehenlassen; ich muß da sein und freundlich sein und zuhören. Und am Abend denke ich dann manchmal: Eigentlich habe ich es doch ganz gut! Aber ich brauche dann zu Hause auch Zeit für mich und Ruhe; eine Stunde, in der mich niemand anspricht, bis ich selber wieder im Lot bin.

Bei all dem, was Sie so täglich mit Menschen erleben – was hat Sie in letzter Zeit am stärksten beschäftigt?

Ich würde sagen: die Geschichte mit der Krankenschwester. Und sonst? Ja, kürzlich kam einer meiner Vertreter, um mir eine neue Kollektion zu zeigen, und weil er sehr blaß aussah, sagte ich: „Was ist denn mit Ihnen los?" „Kommen Sie mal mit!" sagte er. Wir gingen vor die Tür auf den Parkplatz, und er erzählte mir von seiner Freundin. Seit anderthalb Jahren kennt er sie. Vor drei Tagen hatte er erfahren, daß sie

Krebs hat, schon im letzten Stadium. Sie war zusammengebrochen und hatte geweint vor Schmerzen, aber vorher nie etwas gesagt, obwohl sie es wußte.

Für ihn war es ein Schock. Stellen Sie sich das Elend vor! Er liebt sie wirklich. Und nun arbeitet er rund um die Uhr wie ein Verrückter, um nicht daran zu denken. Aber eines Tages wird er auch zusammenbrechen.

Ich war so sprachlos, mir fehlten die Worte. Nächsten Monat kommt er wieder. Ich kann ihm ja nicht helfen. Wenn ich es nur könnte! Aber mir fiel etwas ein. Seit Jahren trage ich eine kleine Geschichte mit mir in der Brieftasche herum, die will ich ihm abschreiben und geben, die Geschichte von den Fußspuren im Sand:

Ein Mann träumt. Die verschiedenen Phasen seines Lebens ziehen an ihm vorüber. Er sieht jeweils zwei Paar Fußspuren im Sand. Er geht am Meer entlang, und Gott geht neben ihm. Dann träumt er von einer sehr schweren Zeit in seinem Leben, und da sieht er nur ein Paar Fußspuren. Er sagt zu Gott: „Herr, gerade in dieser schweren Zeit sehe ich nur ein Paar Fußspuren im Sand." Und Gott antwortet ihm: „Mein liebes Kind, in deiner schweren Zeit, da habe ich dich getragen."

Ich will ihm die Geschichte geben, vielleicht kann er sich daran halten.

Karl Gaspar

Wie ein Schiffbrüchiger auf einer Insel

Seit dem 26. März 1983 war KARL GASPAR – philippinischer Wirtschaftsexperte und Anwalt für Menschenrechtsfragen – im Militärgefängnis von Davao City inhaftiert. Ihm wurde subversive Arbeit gegen das Marcos-Regime vorgeworfen. Alle Bemühungen seines Anwalts und einflußreicher Freunde im In- und Ausland um eine Freilassung blieben lange erfolglos.

Im November 1983 konnten Altbischof Friedrich Hübner und mein Mann ihn im Gefängnis besuchen. Seit dieser Zeit haben wir durch Rundbriefe und persönliche Briefe Kontakt miteinander. In diesen Briefen ging es immer wieder darum, was zu einer Freilassung oder Erleichterung der gegenwärtigen Situation beitragen könnte.

Ich habe Karl Gaspar gefragt, was es bedeutet, unter solchen Bedingungen Christ zu sein. Worin die größten Anfechtungen liegen und was ihn andererseits vor Verzweiflung und Depression bewahrt. Weil ich meine, daß seine Antworten Menschen helfen können, die auf ihre Weise ein schweres Geschick tragen, habe ich – mit Karl

Gaspars Zustimmung – Auszüge aus seinen Briefen in diese Gesprächsreihe aufgenommen.

Die Nachricht von seiner Freilassung im Januar 1985 wurde von seinen Freunden in aller Welt mit großer Freude aufgenommen.

Carlito (Karl) Gaspar wurde am 8. Juni 1947 in Davao City/Philippinen geboren.

Auf das Grundstudium (Geschichte, Erdkunde, Soziologie) folgte ein Studium der Wirtschaftswissenschaften am Asian Social Institute, Manila, das er 1971 mit dem Magisterexamen abschloß.

Karl Gaspar war während dieser Zeit Assistent des Herausgebers der Zeitschrift „Mission World Magazine" und Mitarbeiter in der Forschungsabteilung des Asian Social Institute.

Anschließend unterrichtete er am Hl.-Kreuz-Kolleg, Digos, und war später Mitarbeiter in der Gemeinde Mati.

1974 wurde Karl Gaspar zum regionalen Leiter der Mindanao-Geschäftsstelle des Philippine Business for Social Progress berufen. In den Jahren 1977–80 war er Exekutiv-Sekretär der Mindanao-Sulu-Pastoral-Conference. Die letzten Jahre vor seiner Inhaftierung arbeitete Karl Gaspar als Referent für entwicklungsbezogene Bildungsarbeit in Manila.

A n seine Angehörigen und Freunde schreibt Karl Gaspar am 8. März 1984:

Vor einem Monat war ich noch recht zuversichtlich, was meine Freilassung angeht. Nun sieht es wieder so aus, als müßte ich noch warten. Aber ich habe schon ganz gut gelernt, gleichzeitig zu hoffen und nicht zu hoffen und das Unerwartete gelassen hinzunehmen. Man wird ein wenig immun gegen Rückschläge.

Aber manchmal komme ich mir vor wie ein Schiffbrüchiger, der auf einer einsamen Insel auf seine Rettung wartet. Ein Schiff nähert sich der Insel, er hofft, aber dann dreht es wieder ab. Nach einer Weile kommt ein anderes Schiff in Sicht, und jetzt sieht es wirklich so aus, als kämen sie, um dich zu holen. Aber auch dieses Schiff verschwindet langsam wieder am Horizont und läßt dich allein zurück.

In 18 Tagen ist es genau ein Jahr, daß ich im Gefängnis bin. So trostlos das alles erscheint – ganz ohne Trost sind wir hier hinter Gitter und Stacheldraht nicht. Zur Zeit proben wir gerade ein kleines Theaterstück für den geselligen Abend, den es ja einmal im Monat gibt: „Juan's Guavenbaum".

Verwandte und Freunde aus der Nähe dürfen uns auch weiterhin besuchen. Jesuiten-Pater von der hiesigen Universität lesen sonntags die Messe für uns, und schließlich sind die vielen Briefe von Freunden aus aller Welt eine große Hilfe. Überhaupt, wenn ich an den Luxus denke, daß ich Zeit habe, in Ruhe zu lesen, während meine Freunde draußen gehetzt, gestreßt und überarbeitet sind!

In den letzten Wochen gab es einige Entlassungen. Wir werden vor allem Primo vermissen, der alles konnte und alles für uns tat. Er konnte nähen, also nähte er für uns. Er zeichnete auch mit uns, und als erfahrener Geschäftsmann bewahrte er unseren kleinen Laden vorm Konkurs. Jetzt, wo er nicht mehr da ist, teilen sich drei Gefangene seine Arbeit. Zur Zeit sind wir siebzig Männer und nur sechs Frauen. Das ist beim Tanzen am geselligen Abend natürlich ein Problem!

Außerdem wurde der sechzehnjährige Nonong entlassen. Er hatte immer Witze auf Lager und schnitt dabei Grimassen, daß jeder lachen mußte. Lachen ist selten im Gefängnis und darum sehr kostbar.

Vier Neue kamen vor zwei Wochen, im Durchschnitt achtzehn Jahre alt. Die Anklage lautet auf Mord und subversive Arbeit. Aber ein Blick in ihre unschuldigen und zerbrechlichen Gesichter genügt, um zu wissen, daß auch diese Anklagen erfunden sind, bestätigt durch gekaufte Zeugen.

Sie waren gnadenlos gefoltert worden, bevor man sie hierher brachte. Man zog ihnen Plastiktüten über den Kopf und schlug sie, um Geständnisse zu erpressen. Blaß und verängstigt stolperten sie in die Zelle. Man spürte förmlich das Mitgefühl der anderen Gefangenen, das sich ihnen wie eine Hand entgegenstreckte.

Und heute morgen wieder die Nachricht vom Tod eines jungen Mannes, der unter den Folterungen der Polizei an inneren Blutungen starb.

Was es Neues gibt? Nicht viel. Wir dachten, das „Salvaging" gehöre nun nach dem großen Hungerstreik der Vergangenheit an, aber es passiert immer wieder: Menschen werden nachts aus ihren Häusern gezerrt und ohne jedes Gerichtsverfahren gleich irgendwo am Straßenrand erschossen. Das faschistische Regime fährt fort, unschuldige Opfer zu fordern. Aber der Zorn der Menschen im ganzen Land wächst, Zorn und Empörung über solche Verletzung der Menschenrechte. Und ich hier – in völliger Hilflosigkeit –, was kann ich anderes tun, als Gott anzurufen und ihn zu bitten, daß die Hilfe bald kommt. Wir hier können nichts anderes tun als sitzen und warten – aber vielleicht liegt auch darin ein Dienst und eine Herausforderung, und vielleicht können wir eines Tages aktiv mithelfen, an unserem gemeinsamen Traum zu bauen.

Hier draußen im Gefängnishof gibt es zwei Talisay-Bäume, die gleichzeitig Herbst und Frühling erleben, ein alljährliches Phänomen hier: Ihre glänzenden, riesig großen Blätter in allen Farbtönen zwischen Gelb und Rot fallen auf die Erde und bedecken den Boden wie ein Teppich, und gleichzeitig sind überall an den kahlen Zweigen hellgrüne Knospen. Man sieht sie deutlich gegen den tiefblauen Himmel.

Diese Bäume sind ein Gleichnis für das, was ich in diesen Tagen denke und fühle: Als ich sie heute nachmittag lange ansah, dachte ich an Freunde und Menschen, die ich liebe. Einige von unseren Träumen mögen zugrundegehen, einige Hoffnungen schwinden. Aber es wird immer wieder neue Träume und neue Hoffnungen geben jenseits der dunklen Stunden, in denen wir uns in unserer Verzweiflung und Hoffnungslosigkeit wie tot fühlen. Ich danke Gott für diese Bäume, für meine Freunde und unsere Träume.

Ich habe Karl Gaspar gefragt:
Hat dieses schwere Jahr im Gefängnis einen Einfluß auf deinen Glauben gehabt?

Trotz großer Ängste, die das Gefängnisleben mit sich bringt, würde ich sagen, daß mein Glaube fester geworden ist. Ich habe diese Haft-Erfahrung manchmal sogar als eine Art Bevorzugung von Gott her gesehen und so annehmen können. Aber immer gerade dann, wenn wir meinen, wir hätten unseren christlichen Glauben und unser christliches Zeugnis schön im Griff, werden wir beschämt durch unser Verhalten, das eher nach dem Gegenteil aussieht. Dann wird uns klar, daß es noch ein langer Weg ist, bis wir wirklich Jünger und Zeugen Jesu sind.

Es gibt Zeiten, in denen ich sehr deprimiert bin und Gott frage: „Warum behandelst du deine Freunde so? Ist es immer so schwer, dir nachzufolgen? Ist es nicht möglich, dein Jünger zu sein und kein Kreuz zu tragen?"

Für einen politischen Häftling auf den Philippinen kann das Leben äußerst grausam und entwürdigend sein. Man wird leicht bitter und kehrt Gott den Rücken. Ich verstehe jetzt besser, was es kosten kann, Jünger zu sein und um des Glaubens willen verfolgt zu werden. Wir müssen bereit sein, unser Kreuz zu umarmen und zu lieben und es zu unserem Golgatha zu tragen. Bereit, wenn nötig, unser Leben hinzugeben. Zu Unrecht beschuldigt zu werden. Wenn wir so das Leiden Christi mitleiden, verstehen wir seine Worte im Evangelium besser.

Wir können auf Grund konkreter Erfahrung tiefer an Gottes Barmherzigkeit und Gnade glauben. Es ist so, wie unser Herr es versprochen hat. Er läßt uns in Anfechtung und Trübsal nicht allein. Während der Zeit größter Anfechtung habe ich seine Gegenwart sehr stark gespürt, ich war umgeben von Trost und Mitgefühl. Mehr denn je glaube ich, daß der Heilige Geist, der Mut gibt, aus Tagen, an denen bei uns nur Angst ist, ein Pfingsten machen kann; denn der Herr selbst sorgt dafür, daß wir nicht alleingelassen sind mitten in der Angst.

Ich habe gelernt, mehr auf Gott zu trauen und mich in seinen Willen zu ergeben. Auf dem Höhepunkt unseres Hungerstreiks betete ich sehr intensiv. Ich bat Gott, daß die militärischen Machthaber nachgeben und unsere Forderungen erfüllen würden, damit wir das Fasten abbrechen und wieder etwas essen könnten. Eines Tages war ich sehr frustriert, weil er mein Gebet nicht hörte. Wir waren so hungrig, einige wurden bereits krank vor Hunger, aber dann sagte ich: „Herr, dein Wille geschehe! Was immer du für das Beste hältst, das laß geschehen!" Nach diesem Gebet war ich offener und bereit für alles, was kommen würde.

Außerdem habe ich, was meinen Glauben angeht, eigentlich immer gewußt, daß er ganz eng zu tun hat mit dem Dienst am Nächsten, am armen und unterdrückten Bruder. Hier sind meine Mitgefangenen meine Brüder. Einige haben Trost, Freundschaft und Mitgefühl nötiger als andere. Ich denke, mein Glaube ist gewachsen, weil ich die Gelegenheit hatte, „meines Bruders Hüter" zu sein; trotz der Risiken, die damit verbunden waren. Ich danke Gott, daß ich es schaffe, über meine eigene, kleine Welt hinauszugehen. Im Gefängnis kann man sehr leicht egoistisch werden. Man schirmt sich vor den Leiden anderer ab, um die Situation besser zu überstehen. Aber wir bemühen uns hier, jeden Tag menschlicher und mitfühlender zu werden, eine Quelle von Trost und Hilfe zu sein. Ich denke, wer in der Liebe wächst, wächst auch im Glauben.

Worin liegen die größten Anfechtungen für dich? Was ist das Deprimierendste?

Daß ich nicht weiß, wann ich entlassen werde. Man kann ja unendlich lange hier festgehalten werden, man weiß nie, wann dieser Alptraum zu Ende sein wird. Seit kurzem gibt es neue Erlasse, in denen die Rede von „lebenslänglich" und „Todesstrafe" ist für alle, die beschuldigt werden, die nationale Sicherheit untergraben zu haben. Die Regierung will eben unter allen Umständen an der Macht bleiben. Sie machen vor nichts halt, einschließlich erfundener Lügen und gekaufter Zeugen, die gegen dich aufgestellt werden. Diese Lügen machen mich ganz krank. Ich erschauere bei dem Gedanken, für schuldig erklärt zu werden.

Aber indem ich das Schlimmste erwarte, bin ich nun für das

Schlimmste bereit. Ich weiß, Gott wird mich in der Stunde der Not nicht verlassen. Er hat mich bis heute beschützt, und ich bitte ihn, mein Vertrauen zu stärken, damit ich niemals die Hoffnung verliere. Ich sorge mich besonders um die Sicherheit meiner Mitgefangenen, um die Armen und Machtlosen unter ihnen. Schon einige Male wurden sie aus den Zellen geholt und gnadenlos gefoltert oder vor das Militär gebracht, wo sie alle zusammen hingerichtet werden können. Auf solche Verletzung der Menschenrechte reagieren wir empfindlich, wir fühlen uns verletzt.

Was tust du, wenn du sehr deprimiert bist?

Ich tue alles mögliche, um meinem Schmerz und meiner Angst Ausdruck zu geben:
Um meinem Zorn Luft zu machen und Klarheit in meine Gedanken zu bringen, singe ich zum Beispiel und spiele Gitarre. Ich singe Lieder der Hoffnung und Lieder des Zweifels. Lieder, die Tränen in meine Augen treiben. Ich male. Ich nehme Farben, um glückliche Erinnerungen zurückzubringen und die Überzeugung zu stärken, auf dem richtigen Weg zu sein. Ich schreibe Gedichte und gieße meine Gefühle in Worte, die Hilfe bringen. Oder ich schreibe an Freunde, um Langeweile und schwere Gedanken zu vertreiben. Ich gehe zu meinen Mitgefangenen, und wenn ich ihre Probleme höre – die oft schlimmer sind als meine –, werde ich getröstet und ermutigt. Ich bete und finde im Herzen Gottes Ruhe.

Wenn du selbst so sehr leidest, wie schaffst du es, dich noch um andere zu kümmern?

Trotz der Tendenz, um das eigene Überleben zu kämpfen, gibt es im Gefängnis auch die Erfahrung, daß sich so etwas wie eine Gemeinschaft bildet. Es müssen ein paar Menschen da sein, die eine solche Atmosphäre schaffen wollen. Dabei lernt man sich kennen. Man weiß, worin ihre Ängste und

Unsicherheit liegen, was ihr Anliegen ist, und man weiß nach einer gewissen Zeit, wer der Verzweiflung und Hoffnungslosigkeit am schutzlosesten ausgeliefert ist. Man weiß auch, wer die Starken und Kraftvollen sind. Und du spürst, wenn einer Hilfe braucht, wer Sorgen oder Schmerzen hat – dazu sind auf solch engem Raum innerhalb der Gefängnismauern keine Worte nötig. Die Gruppe weiß auch, wer gerade am besten in der Lage ist, einem anderen zu helfen. Mit der Zeit merkst du, daß andere verletzbarer sind als du selbst. So läßt du es nicht zu – selbst, wenn du deprimiert bist –, daß die Depression dich verschlingt, weil du weißt, daß andere in einem noch schlimmeren Zustand sind. Du reißt dich zusammen, um den anderen zu trösten. Und wenn du es schaffst, einem anderen zu helfen, dann ist es so, daß deine eigenen Probleme dich weniger niederdrücken.

Gibt es ein Wort der Bibel, das dir besonders hilft und nahe ist?

Ich habe mich immer sehr zu den Seligpreisungen hingezogen gefühlt, und nun besonders. Ich denke oft an den Vers aus Matth. 5 (V. 12): „Seid fröhlich und getrost: Es wird euch im Himmel belohnt werden, denn ebenso haben sie die Propheten, die vor euch gewesen sind, verfolgt."
Und dann der Lobgesang der Maria in Lukas 1: Gott bekräftigt seinen Bund mit den Armen und Geringen, den Unterdrückten und Unter-die-Räder-Gekommenen. Eines Tages wird Gott seine Verheißung erfüllen und die Verachteten aufrichten, sein Volk befreien und erlösen.
Und schließlich der Abschnitt Johannes 15,11–17: Ich denke, dieser Text sagt sehr klar, worum es für uns Christen geht, nämlich uns untereinander zu lieben, wie Christus uns geliebt hat.

Sonntags feiert ihr die Messe. Was bedeutet diese Gottesdienstfeier für euch im Gefängnis?

Es ist zunächst die einzige Möglichkeit, daß alle Gefangenen einmal zusammen sind. Außerdem dürfen Verwandte und

Freunde am Gottesdienst teilnehmen. Wir üben mit dem Chor Lieder ein, die zur Liturgie passen. Und wenn wir im Gottesdienst füreinander beten, dann gibt das ein sehr starkes Gemeinschaftsgefühl. Wir geben uns das Zeichen des Friedens, und wir spüren Gottes Gegenwart: in den Worten der Schrift, in den tröstenden Worten der Priester, die kommen, um für uns die Messe zu lesen. Wir erleben Freundschaft und die Liebe unserer Angehörigen. Und wir empfangen den Segen Gottes. Darum freuen sich fast alle auf den Sonntag. Er ist der Höhepunkt der Woche.

Worüber sprecht ihr während der Woche am meisten in der Zelle?

Wir reden über unsere Situation im Gefängnis, wie wir sie verbessern können, was wir dazu tun können und wie wir solche Projekte in Angriff nehmen können. Wir sprechen über die sich verschlechternde wirtschaftliche und politische Lage draußen und die Eskalation der Militarisierung. Darüber, was Organisationen und kirchliche Gruppen dagegen tun. Darüber, wer die neuen Gefangenen sind und weshalb sie inhaftiert wurden. Ob sie gefoltert wurden oder nicht. Welche Art der Folter angewendet wurde. Wer demnächst entlassen wird und was diejenigen für Zukunftspläne haben, ob sie weitermachen im Kampf für Gerechtigkeit, Wahrheit und Freiheit. Wir reden über unsere Erfahrungen hier.

Und weißt du für dich selbst schon, was du nach deiner Entlassung tun willst?

Alles, was ich weiß: Ich möchte ein wahrhaftiger Christ sein, bereit, besonders den Armen und Machtlosen zu helfen, aktiv beteiligt sein im Kampf für Gerechtigkeit.
Ich möchte mitbeteiligt sein an einer gesellschaftlichen Neugestaltung und daran, das Reich Gottes mitzubauen.

Was hilft dir, nicht aufzugeben und nicht zu verzweifeln?

Meine Familie und meine Freunde haben mir alle Hilfe gegeben, die ich brauche: Liebe, Hingabe und Zuwendung.
Meine Mitgefangenen ermutigen mich und gehen mit mir
durch dick und dünn. Wenn ich traurig und niedergeschla-
gen bin, dann sind es die anderen, die mich ermutigen. Wir
können es uns zu dieser Zeit nicht leisten, aufzugeben, wo
der Kampf doch gerade begonnen hat. Wir müssen weiterhin stark sein. Ganzer Einsatz ist nötig, trotz der Risiken
und Gefahren. Wir müssen mithelfen, die Befreiung unseres
Volkes voranzutreiben, indem wir eine gerechte und fried-
volle Gesellschaft aufbauen, wo die von Gott gegebene Men-
schenwürde geachtet und unterstützt wird. Christus will,
daß wir alles aufgeben und ihm nachfolgen, auch wenn wir
durch dieselben Leiden gehen müssen wie er. Gott gibt immer wieder Mut und Hoffnung in unsere Herzen ... darum
geben wir nicht auf.

Meine Situation ist die – wenn ich es in einem Bild sagen
darf –: Ich bin wie ein kleines Boot auf stürmischer See.
Christus ist der Leitstern, der mich hinführt zu einem Reich,
wo unser Volk befreit ist von Armut und Unterdrückung.

Wenn wir aufhören, vor Liebe zu brennen, werden die anderen vor Kälte sterben.

Eckart Dugge
Von Kindern lernen

ECKART DUGGE wurde am 26. Juli 1935 in dem kleinen mecklenburgischen Städtchen Wittenburg geboren. Zusammen mit drei Geschwistern wuchs er in einem behüteten, protestantischen Elternhaus auf. Vater und Großvater waren Landärzte. So lernte er früh die Arbeit und die Schwierigkeiten einer großen Landpraxis kennen, auch die psychischen Belastungen, verstärkt durch Krieg und Kriegsfolgen. Trotzdem lag – wie er sagt – eine gewisse Gemütlichkeit über dem Städtchen.

Nach dem Abitur entschloß Eckart Dugge sich ebenfalls zum Medizinstudium, das er an der Berliner Humboldt-Universität begann und mit Examen und Doktorarbeit in Hamburg 1962 abschloß.

Eckart Dugge arbeitete dann zwei Jahre an der Blutbank der Eppendorfer Universitätsklinik, ging dann aber von der Labormedizin zur klinischen Kinderheilkunde über und begann eine vierjährige Facharztausbildung an der Eppendorfer Universitäts-Kinderklinik.

Von 1968–71 arbeitete er an einer großen Hamburger Kinderklinik unter Leitung seines Lehrers Professor Althoff, dem er entscheidende Einsichten und Erkenntnisse nicht nur im medizinisch-handwerklichen, sondern mehr noch im menschlichen Bereich verdankt.

1971 hat Eckart Dugge sich in Hamburg-Groß-Flottbek als Kinderarzt niedergelassen. Er ist verheiratet und hat drei Kinder.

H*err Dugge, weshalb sind Sie Kinderarzt geworden?*

Ich wollte eigentlich immer entweder Techniker oder Mediziner werden. Daß ich dann nicht bei der Labormedizin, speziell der Hämatologie blieb, die mich sehr faszinierte, sondern Kinderarzt wurde, liegt sicher mit an meinem Lehrer Professor Althoff. Ich habe ihn sehr verehrt. Er war ein großer Mann. Kühn in seinem Denken und doch ganz bescheiden, sehr engagiert, wenn es um seine kleinen Patienten ging. Bei dem Namen Althoff versinke ich immer in Schweigen vor Verehrung und Begeisterung. Drei Jahre habe ich mit ihm zusammen arbeiten dürfen. Häufig, wenn ich nachts bei der Behandlung von Kindern Schwierigkeiten hatte, rief ich ihn an, den Chef dieser Riesenklinik, der seinen Schlaf ja brauchte. Und dann stand er zehn Minuten später neben mir am Bett. Ich merkte es oft gar nicht. Er stand nur da, während ich noch arbeitete, und sagte: „Ja, ist gut!" Oder: „Ach, wollen wir das nochmal versuchen." Diese ganze Hinwendung zum Kind, das Engagement für das Kind, hat mich fasziniert.

Die Hämatologie interessierte mich auch sehr, aber als wir dann die vielen Blutaustausch-Transfusionen bei Säuglingen machten, da merkte ich, daß mich die Arbeit mit den Kindern noch mehr reizte. Und später, als ich mit größeren Kindern zu tun hatte, besonders mit Leukämie- und Tumorkindern, fand ich diese Arbeit noch viel ergreifender. Mich hat das Sterben dieser Kinder unheimlich erschüttert und mitgenommen. Das war wohl der eigentliche Grund dafür, daß ich dann doch dabei geblieben bin.

Sie behandeln als Kinderarzt ja nicht nur die Kinder, sondern haben zugleich immer mit den Müttern zu tun.

Ja, die Behandlung der Kinder geht immer über die Mütter. Das ist etwas ganz wichtiges. Ist die Mutter irritiert, müssen wir zunächst die Mutter „behandeln", nicht so sehr das Kind. Die meisten Besuche mache ich der Mütter wegen. Ich weiß oft im voraus: Dem Kind geht es gut. Ich muß nur hingehen, damit die Mutter ruhig ist, damit sie weiß, daß alles gar nicht so schlimm ist. Wenn das Kind das ängstliche Gesicht seiner Mutter sieht, kann das die Behandlung oder Heilung sehr beeinträchtigen. Ihre Angst überträgt sich ganz stark auf das Kind.

Haben die Krankheiten der Kinder etwas zu tun mit gestörten Beziehungen zwischen Kindern und Eltern oder auch mit Spannungen im Verhältnis der Eltern untereinander?

Ganz wesentlich. Es vergeht kein Tag, ohne daß ich nicht zigmal mit diesen Problemen konfrontiert werde. Das ist ein ganz trauriges Kapitel. Ich habe das Gefühl, daß der Egoismus der Eltern größer wird zuungunsten der Kinder. Kinder gehen zugrunde an den schlechten Ehen der Eltern. Sie leiden ganz furchtbar darunter, und dieses frühkindliche Psychotrauma ist so gravierend, daß es kaum wieder in Ordnung gebracht werden kann. Das äußert sich dann in Appetitlosigkeit, bestimmten Darmkrankheiten, Schlafstörungen, Einnässen, Nägelkauen, Schulversagen... Natürlich kommen diese Krankheiten auch in intakten Familien vor. Schließlich: In welcher Familie werden keine Fehler gemacht? Ich weiß von vielen Fehlern, die wir mit unseren drei Kindern gemacht haben. Aber solange die Kinder ganz sicher wissen, daß man sie gern hat und daß die Eltern sich lieben, kann man ja ungefähr alles falsch machen, und es wird doch gut mit ihnen. Wenn es aber zwischen den Eltern keine Liebe gibt, das ist für die Kinder schlimm. Man merkt es schon an der Art, wie sie in das Sprechzimmer kommen: Sie sind wahnsinnig verunsichert, verängstigt, medizinisch ist da oft gar kein Befund. Das ist ganz grauenhaft. Man müßte den Eltern immer wieder sagen, daß sie ihre Auseinandersetzungen nicht vor den Kindern austragen sollen... aber... wohin sollen sie gehen?

Da fühlt man sich als Arzt sicher sehr hilflos.

Völlig hilflos. Ich hatte eben gerade – vor einer Stunde – eine Mutter, die mich um ein medizinisches Gutachten für ihr Kind bat, aber eigentlich ging es nicht um medizinische, sondern um Ehe- und Familienprobleme.

Was mir auffällt: Sie behandeln Kinder eigentlich wie Erwachsene, nämlich sehr höflich. Sie fragen: Darf ich mal in dein Ohr gucken?

Das ist etwas, was mir unheimlich wichtig ist. Wenn ich denke, wie Kinder noch vor zehn, fünfzehn Jahren in Kliniken behandelt wurden; wie sie einfach von fünf oder sechs Schwestern festgehalten und angebrüllt wurden, um sie einzuschüchtern. Da fühlte ich mich selbst angegriffen.
Kinder sind keine kleinen Erwachsenen, aber sie haben genauso ein Recht, anständig behandelt zu werden. Sie haben ihre Würde, aber sie können sich weniger wehren. Man kann ein Kind ganz leicht einschüchtern. Wenn man es anschreit, ist es ganz still.
Ich behandle Kinder so, wie ich selbst behandelt werden möchte. Und ich habe eigentlich nie erlebt, daß ein Kind mir etwas verweigert hat, auch wenn es erst drei Jahre alt ist. Wenn ich lange genug mit ihm gesprochen habe, sagt es – z. B. –: „Hier bitte, du darfst etwas von meinem Blut abnehmen."
Das kostet viel Zeit. Aber anders könnte ich meinen Beruf nicht machen. Die Arbeit muß ja noch sinnvoll bleiben; es geht ja nicht nur um Geld. Es muß auch noch Spaß machen. Ich will nicht, daß Kinder Angst vor mir haben.
Als junger Assistent hatte ich mal einen Stationsarzt, der hatte eine brummige, tiefe Stimme. Wenn der auf die Säug-

lingsstation kam, der brauchte nur: „Guten Morgen!" zu sagen, dann heulte die ganze Station. Das war richtig grausig. Ich dachte: „Das darf mir nicht passieren! Dann gehe ich lieber ins Labor!" Dieser Stationsarzt ist dann später auch in die Forschung gegangen.

Es ist für mich auch sehr schwierig, ein Kind zu behandeln, das kein Vertrauen zu mir hat. Da muß man die Behandlung lieber abbrechen. Es hat keinen Zweck, und es macht keinen Spaß.

Aber Kinder können als Patienten doch auch sehr anstrengend sein. Oder empfinden Sie das nicht so?

Schon. Wenn man gegen Abend abgespannt ist, ist das manchmal kaum auszuhalten. Vor allem, wenn eine Mutter noch drei oder vier gesunde Kinder mitbringt. Der eine sitzt einem hinten im Nacken, der andere steht auf dem Fensterbrett, der dritte wirft das Spielzeug durchs Zimmer, der vierte beschäftigt sich mit den Ärztemustern; und mit der Mutter und dem kranken Kind muß ich reden. Sie hat ihre Augen dann auch überall, greift nach diesem oder jenem Kind, und hat für mein Reden nur ein halbes Ohr. Das ist schon problematisch. Aber: Wer hat heute schon fünf Kinder? Und es macht andererseits Spaß, und es ist schön, das Vertrauen und die Dankbarkeit der Kinder zu erleben. Ich weiß nicht, ob Erwachsene so dankbar sein können wie Kinder.

Ich machte mal vor Jahren mit Althoff Visite – er hatte zwischendurch mit Handwerkern zu tun und ging mit einem Klempner über den Flur –, da kam ein dreijähriges Mädchen auf ihn zu, auf diesen großen, breitschultrigen Mann, und sagte: „Onkel, ich hab' dich lieb!" Er nahm das Kind in den Arm. Da sagte der Handwerker: „Ihnen kann ja nichts Schlimmes mehr passieren. Solch einen Beruf möchte ich auch mal haben!", und ich dachte: „Er hat recht."

Die Dankbarkeit der Kinder, ihr Vertrauen und ihre Liebe sind das Schöne an Ihrem Beruf?

Ja, dazu kommt natürlich, daß ich mich freue, wenn ich ein Kind gesund machen kann. Wenn mir etwas gelingt. Schwierig ist das Gegenteil. Es deprimiert mich tief, wenn da ein behindertes Kind ist und ich weiß, daß es nicht besser wird. Trotzdem bemühe ich mich, rede den Eltern gut zu, damit sie wieder Mut haben und es ertragen können. Solche Krankheiten ziehen sich ja heute durch die moderne Medizin sehr in die Länge und können ganze Familien zerstören.

Aber wir wollten ja von dem sprechen, was erfreulich ist. Also: Wenn man eine schwierige Behandlung vornimmt und eine Besserung eintritt – wobei ich selbst allerdings ganz bescheiden geworden bin. Denn das Entscheidende tut trotz unserer medizinischen Fortschritte immer noch die Natur selbst. Ich meine, das Entscheidende wird doch von Gott gelenkt. Wir sind nur sein verlängerter Arm. Man merkt – je älter man wird – immer mehr, wie begrenzt unser Können und Wissen ist. Wir können Sterbende zwar mit Hilfe von Maschinen weiter am Leben erhalten, aber die Seele nimmt – mit einer kurzen Handbewegung – dann doch ein anderer. Ich meine den, der das Leben gegeben hat. Und wir stehen nur daneben.

Sie sagen: Das Entscheidende wird von Gott gelenkt. Wer ist Gott für Sie?

Ich glaube nicht an ein stummes Schicksal. Ich glaube, daß es einen persönlichen Gott gibt, der das persönliche Geschick lenken kann. Früher hätte ich das ganz stark abgelehnt, aber heute sehe ich das so. Ich bin kein eifriger Kirchgänger und habe meine Vorbehalte gegen die Kirche. Ich ärgere mich zum Beispiel, wenn ich in den Ferien an einem Wochentag in die Kirche gehen will und sie dann geschlossen ist – aus Angst vor Dieben. Ich meine, ich habe ein Recht, mich in eine Kirche zu setzen und dort zu meditieren. Das gefällt mir bei katholischen Kirchen besser, die immer geöffnet sind.

Wer Gott für mich ist? Ich glaube, daß er unsere Lebensuhren selbst in der Hand hat, daß er in unser Leben eingreift, schiebt oder bremst, das scheint mir sicher.

Wenn ich noch einmal auf Ihre Arbeit zurückkommen darf: Bei allen richtigen Diagnosen und erfolgreichen Behandlungen gibt es sicher immer wieder einmal eine Fehldiagnose. Wie kommen Sie damit zurecht?

Das ist etwas, was mich sehr belastet. Aber ich finde, man muß ein Recht auf Fehler haben, anders kann man nicht arbeiten. Früher dachte ich, daß Fehler in unserem Beruf nicht sein dürften, aber damit kann man nicht leben. Es gibt Irrtümer, und man kann von einem Arzt – der ein Mensch ist – nicht Gottähnliches verlangen. Von den Krankenkassen her ist ganz klar: Wir sind nichts Besonderes. Für den Satz, den man uns gibt, kriegt man keinen Klempner mehr ins Haus. Trotzdem bleiben Fehler für den Arzt deprimierender und belastender als für Menschen anderer Berufe. Und diese Fehler verfolgen mich noch ziemlich lange, bedrücken mich und rauben mir auch manchmal den Schlaf.

Wenn Sie – nun nicht als Kinderarzt, sondern als Vater – an Ihre eigenen Kinder denken, was ist Ihnen in der Erziehung wichtig?

Ich selbst finde es sehr schwierig, Kinder gut zu erziehen, und muß sagen: Meine Frau hat unsere drei Kinder sehr gut erzogen. Ich glaube, daß Kinder Autorität brauchen. Aber das muß ich vielleicht erläutern, weil ich selbst solche Sätze früher furchtbar gefunden hätte.
Ich hatte eine Begegnung mit einem der größten europäischen Kinderärzte, mit Professor Fanconi. Es war auf einem Kongreß, wir sprachen über die neuen Probleme der Jugendlichen, ihre beispiellose Aggressivität, Brutalität, Frustration usw. Da sagte der alte Fanconi – er war gerade von der Besichtigung einer Kirche gekommen –: „Es liegt daran, daß die jungen Leute nicht mehr an Gott glauben, daß sie den Glauben verloren haben."
Ich war damals empört über diese entsetzliche Vereinfa-

chung. Aber heute glaube ich, daß wohl etwas dran war an diesem schlichten Satz eines so großen Mannes. Es steckt viel Weisheit und Wissen dahinter. Unsere Gottlosigkeit ist sicher die Ursache vieler Probleme. Ich selbst bin auch nicht sehr fromm. Ich wünschte, ich wäre es. Aber ich meine, wir brauchen die Autorität, an der wir uns ausrichten können. Man muß nicht selbstherrlich alles kaputtmachen und zerreden. Werte wie Toleranz und Friedensbereitschaft müssen geachtet werden, das ist eine Überlebensfrage. All das ist, meine ich, wichtig in der Erziehung. Wir sprechen mit unseren Kindern viel darüber.

Welche Rolle spielen Lob und Strafe in der Erziehung nach Ihrer Erfahrung?

Ich glaube, wir loben unsere Kinder zu wenig. Man kann gar nicht genug loben. Andrerseits, wenn ich an Familien aus dieser Gegend Hamburgs denke, erlebe ich es auch, daß sich eine Mutter kaputtmacht, weil sie es nicht fertigbringt, einmal einen strafenden Blick auf das Kind zu werfen – aus Angst vor Mann und Schwiegermutter, die das Kind vergöttern. Sie wagt es nicht, ein Wort zu sagen, und geht dabei fast zugrunde. Immerhin ist sie ja von morgens bis abends mit diesem kleinen Tyrannen zusammen, dem kleinen Mistkerl, der alles kaputtmacht. Aber sie schafft es nicht, ihm eine runterzuhauen, was ausnahmsweise doch auch richtig und erlaubt ist.

Ich glaube nicht, daß zuviel gestraft wird, nicht in den Familien, die ich kenne. Vielleicht in anderen Familien, wo die Eltern beide bis an den Rand ihrer Kräfte arbeiten müssen und dann nicht mehr die Nerven haben für geduldige, pädagogische Gespräche. Ein Klaps tut es dann schneller. Dann läuft es auch wieder. Und es geht ja auch um das Überleben der Eltern. Manche Mütter werden von ihren Kindern aufgefressen. Dann sage ich manchmal: „Mensch, nun wehr dich doch mal! Laß dich nicht tyrannisieren! Mach mal einen Punkt. Das ist für alle erholsamer!"

Unsere Pädagogik sieht ja nur die Kinder. Aber man muß

auch die Eltern und Lehrer sehen, die von schlechterzogenen Kindern geradezu zertrampelt werden. Ich glaube, da muß das Pendel mal zur anderen Seite ausschlagen. Das schließt ja Lob nicht aus.

Neulich las ich auf einem Aufkleber: „Hast du dein Kind heute schon gelobt?" Das hat sein Recht, solange die Eltern zu ihrem Recht kommen. Natürlich gibt es dabei auch das andere Extrem: Eltern, die ganz egoistisch nur an sich denken, an ihre Karriere. Keiner ist im Haus, die Großmutter kann nicht da sein, weil die Wohnung zu klein ist. Das Kind hat einen Schlüssel und ist von mittags bis abends allein. Das ist für ein sieben- bis achtjähriges, sensibles, aufnahmefähiges Wesen sehr schwer. Ich erlebe es oft, daß solche Kinder mich anrufen und sagen: „Du, es geht mir so schlecht. Meine Mutter ist nicht da. Mein Vater auch nicht. Kannst du mal kommen?"

Ich gehe dann hin, klingele zweimal, und dann kommt das Kind die Treppe herunter, macht mir auf. Es ist ganz allein. Das hat es früher nicht gegeben; früher war immer jemand da. Es gibt ja heute alles, was man will: Essen auf Rädern, Frisör auf Rädern, Maniküre auf Rädern . . . aber eine Mutter auf Rädern gibt es noch nicht. Liebe und Geborgenheit, Sicherheit, Gelassenheit . . . das fehlt. Neulich fand sich niemand für einen sechsjährigen Jungen, der plötzlich krank wurde und versorgt werden mußte. Da haben wir ihn zu uns nach Hause genommen. Er war begeistert und wollte ganz bald wiederkommen.

Was kann man als Erwachsener von Kindern lernen?

Ich habe sehr viel von Kindern gelernt. Aber da geht es in einen ganz ernsten Bereich: Ich meine das Sterben der Kinder. Ich habe – glaube ich – für mich selbst noch nie soviel gelernt wie durch Gespräche mit sterbenden Kindern. Diese Ruhe und diese Reife, die Kinder vor dem Sterben haben, haben etwas Bedrückendes und Belastendes. Hinter solch einem Kind liegt ja meist ein Leidensweg von drei, vier oder fünf Jahren. Da waren Krankenhausaufenthalte und Trennungen

von den Eltern, das Ausgeliefertsein an die weiße Maschinerie, Rückenmarks-Punktionen, Blutentnahmen ... Und dann sagen diese Kinder: „Sei nicht traurig. Ich bin ja nun bald im Himmel. Bald wird alles viel besser."
Ich habe eigentlich nie Angst gesehen bei diesen Kindern – ganz anders als bei Erwachsenen. Gerade bei alten Leuten hab' ich oft ganz verzweifelte Angst vor dem Tod erlebt. Bei Kindern gab es diese unwahrscheinliche Gelassenheit, Ruhe und Würde, wenn es ans Sterben ging. Das ist so grandios und zugleich deprimierend und erschütternd, daß man darüber eigentlich gar nicht viel reden kann.

Haben die Erfahrungen mit sterbenden Kindern Ihr eigenes Denken und Ihren Glauben verändert?

Ja, ganz gewaltig. Man denkt ja nicht täglich an den Tod. Und gerade das kindliche Sterben ist so grausam für uns Erwachsene. Es macht uns so wach, unsere Tage und Stunden ganz bewußt zu leben. Für jede Woche und jeden Monat, für jedes Fest zu danken, weil all das nicht selbstverständlich ist. Ich denke manchmal an die Bach-Kantate: „Gottes Zeit ist die allerbeste Zeit", wo es heißt: „Bereite dein Haus, denn du wirst sterben ..." Das hilft mir, den Tag heute ganz bewußt zu leben, anderen zu helfen und Gutes zu tun und für all das dankbar zu sein.

Johannes Bours
Den Anruf hören

Johannes Bours, Dr. theol. h. c. der Wilhelms Universität Münster, wurde am 21. März 1913 in Elten/Niederrhein geboren. Nach dem Studium der Theologie in Münster und München wurde er 1937 zum Priester geweiht. Bis 1952 arbeitete er in der Gemeindeseelsorge. Von 1952–1984 war er Spiritual, also geistlicher Begleiter und Berater der Theologiestudenten und der Priester, am Priesterseminar in Münster. Seine Veröffentlichungen zu Themen des geistlichen Lebens ergaben sich aus zahlreichen Gesprächen, Kursen, Exerzitien und Ansprachen:
„Der Gott, der mein Hirte war mein Leben lang" (1978);
„Bilder der Berufung. Meditationstexte zu Glasfenstern von Joachim Klos" (1979);
„Leidenschaft für Gott. Ehelosigkeit – Armut – Gehorsam" (zusammen mit Franz Kamphaus, 1982);
„Da fragte Jesus ihn", Schritte geistlicher Einübung in die Jesusnachfolge (1983);
„Nehmt Gottes Melodie in euch auf" (1985).
Seit Mai 1984 ist Johannes Bours Pfarrer einer kleinen, ländlichen

Gemeinde am Niederrhein und erfüllt sich damit einen Lebenswunsch: Über dreißig Jahre lang hat er Priester mitausgebildet, nun möchte er selber noch einmal in einer Gemeinde arbeiten und viele Menschen zum Beten führen.

Herr Bours, Sie sind seit 32 Jahren Spiritual, d. h. geistlicher Leiter des Priesterseminars in Münster. In wenigen Wochen werden Sie Ihre Zelte hier abbrechen und noch einmal eine kleine, ländliche Gemeinde am Niederrhein übernehmen. Wenn Sie auf Ihre Arbeit zurückblicken – was war das Beglückende, das, was Sie nicht missen möchten?

Wenn ich in einem Satz sagen sollte, worin die Erfahrung tiefster Freude für mich lag, so war es, daß in den Gesprächen mit Menschen aller Berufe und Altersstufen immer wieder deutlich wurde: Jeder hat seine Geschichte mit Gott.
Mich hat das tief beeindruckt. Es ist geradezu abenteuerlich, welche Erfahrungen Menschen mit Gott machen. Und zugleich beschämt es mich, weil es mir zeigt, wie achtlos ich oft an den Zeichen Gottes vorbeilebe, an den Zeichen, die er immerfort gibt.
So kommen die Anregungen für mein eigenes geistliches Leben nicht zuerst aus Büchern, sondern aus Gesprächen mit Menschen, aus dem, was sie aus ihrer Erfahrung mit Gott mitteilen. Die Frage nach Gott ist ja das, was den Menschen am tiefsten, was ihn letztlich bewegt.
Und manche Menschen wissen ganz klar, wenn sie – in der Lebensmitte oder auch später – auf ihr Leben zurückblicken: Ich bin geführt worden. Es mußte so kommen. Deshalb ist mir ein Wort aus dem 5. Mosebuch, Kapitel 1 sehr nah, das Wort: „Ich, der Herr, dein Gott, habe dich den ganzen Weg, den du gewandert bist durch die Wüste, getragen, wie ein Vater seinen Sohn trägt."

Und das Schwere? Was war schwer und mühsam in Ihrer Arbeit?

Es kann sehr belastend sein, wenn ein Mensch kommt und sein Herz ausschüttet. Vor allem dann, wenn ich den Eindruck habe: Ich kann nicht weiterhelfen. Ich kann nur zuhören. Wirklich zugewandt zuhören. Auch wenn ich das, was er sagt, schon von ähnlichen Situationen her kenne. Ich bemühe mich, sein Gesicht wahrzunehmen, sein Leidensgesicht, er ist ja der eine, Unvertauschbare, nicht ein „Fall".
Aber es gibt da auch Grenzen, die man sich eingestehen muß. Man kann nicht uferlos und pausenlos solche Gespräche führen. Und wenn ich dann abends die Menschen, denen ich begegnet bin, noch einmal vor meinen Blick kommen lasse, dann versuche ich, sie zu dem in Verbindung zu bringen, der gerade die Armen liebt, auch die seelisch Armen, die Hilflosen und Verzagten. Es strahlt so etwas wie Hoffnung auf, daß gerade die Menschen, denen ich nicht helfen konnte, ganz nah im Umfeld der Armenliebe Gottes sind und daß von daher Rettung kommt. Und da setzt dann – vielleicht so etwas unbeholfen – die Fürbitte ein.

Sie werden am 21. März 71 Jahre. Darf ich Sie im Blick auf die Zukunft fragen: Was hat Sie letztlich bewogen, nun noch einmal eine Gemeinde zu übernehmen? Und was wünschen Sie sich für diesen neuen Lebensabschnitt am meisten? Überwiegt der Trennungsschmerz oder die Vorfreude?

Es ist beides da. Und manchmal auch die Sorge, ob die Kräfte reichen werden. Aber ich denke, die Freude überwiegt und die Hoffnung, daß die kleine Gemeinde – es sind ja nur 480 Gemeindeglieder – so etwas wie eine Zelle sein kann, in der das Evangelium in unserer säkularen Welt gelebt wird, in der Gott gepriesen wird im Sonntagsgottesdienst und natürlich auch während der Woche. Ich möchte zunächst alle Familien besuchen und kennenlernen, und ich möchte alle Kraft dafür einsetzen, viele einzelne Menschen zum Beten zu führen.

Die Studenten und Priester haben mir oft gesagt: „Sie haben gut reden ... Sie müßten mal in einer Gemeinde sein!"

Ich habe so viele Priester mitausgebildet, nun möchte ich es auch einmal selbst versuchen. Das ist so ein Jugendtraum von mir. Und ich möchte versuchen – nach den Jahren akademischer Arbeit –, ganz einfach vom Glauben zu reden und Glauben ganz einfach zu leben – zusammen mit Menschen, die keine Akademiker sind, sondern Bauern und Handwerker. Anders leben, Salz der Erde sein – Sie verstehen, was ich meine.

Anders leben – das kann man nicht aus eigener Kraft. Sie sagen in Ihren Büchern mehrfach, die entscheidende Kraft für unser Leben komme nicht aus dem, was wir selbst sind und machen, sondern aus dem Glauben an das von Gott „Angeschautsein" und Geliebtwerden.

Wie komme ich aber für mein eigenes Leben zu der Gewißheit, daß Gott mich in Liebe anschaut, daß er mich sieht?

Vielleicht ist dafür eine Voraussetzung nötig, nämlich die, daß ich von Menschen her Liebe erfahren habe, daß ich als Kind von meinen Eltern geliebt wurde und also von Vater und Mutter her weiß: Ich bin liebenswürdig! Ich bin geliebt!

Ich bin in einer sehr guten und sehr gläubigen Familie aufgewachsen. Und jetzt, im Altwerden, gehen meine Gedanken oft in die Kindheit zurück. Eines der stärksten Erlebnisse in meinem Leben überhaupt war der Tod meiner Mutter. Ich war bei ihrem Sterben dabei. Sie ist 89 Jahre alt geworden, und sie war vollkommen klar bis zur letzten Minute. In diesem letzten Gespräch mit ihr ist mir ganz stark aufgegangen, wie sehr sie das Leben bejaht hat, ihr Leben und mein Leben.

Für mich selbst ist eine der wichtigsten Fragen, lebenswahrhaftig zu werden. Das ist ein sehr wichtiges Wort für mich. Je älter ich werde, desto mehr erfahre ich auch die Defizite, das Nichtwahrhaftigsein – ich meine das nicht im moralischen Sinn, sondern im Lebenssinn –, modern gesprochen:

das Identisch-Sein. Und nie so sehr wie jetzt im Alter weiß ich von den leeren Händen. Aber weil ich geliebt bin – „Er hat uns zuvor geliebt", sagt der 1. Johannesbrief –, darum muß ich nicht resignieren und deprimiert werden. Ich bin von Gott bejaht – ohne Vorleistung –, das ist das Evangelium für mich, und das steht an erster Stelle. Nicht: „Du sollst . . ." Dieses Von-Gott-Geliebtsein ist eine für mich durchgängige – es klingt fast übermütig – Gewißheit. Ich bin geliebt, auch mit meinen Mängeln, auch mit meiner Sünde.

Ich glaube, die letzte Antwort auf die Frage: Wie werde ich lebenswahrhaftig, wie werde ich identisch, ist diese: Ich bin geliebt, also bin ich.

Gibt es einen Weg, zu dieser Gewißheit zu kommen: Gott liebt mich? Denn oft ist es ja so, daß ich mich selbst nicht lieben kann, mich nicht liebenswert finde, wenn ich ehrlich bin.

Ich denke: Ja. Es ist so ähnlich wie bei der Frage: Du glaubst an Gott? Ich kann nicht an ihn glauben. Wie kann ich an ihn glauben?

In beiden Fällen würde ich sagen: Fang an zu beten! Fang an zu beten, und du wirst etwas erfahren. Fang an zu beten, das heißt: Sprich dein Leben zu Gott hin aus, meinetwegen mit dem Vor-Satz: „Gott, wenn es dich gibt . . ." Und wag es einmal, dich fallenzulassen in einer konkreten Lebenssituation. Wag es, darauf zu vertrauen, daß er da ist. „Herr, du kennst mich. Du weißt von mir" (nach Ps. 139). Denn ich denke, beten heißt zunächst, sich im Vertrauen fallenzulassen. Und es wird dir vielleicht etwas entgegenkommen, was vorher nicht da war. Eine Art Gewißheit: Ich werde gehalten.

Vielleicht auch dieser Rat: Führe einmal eine Zeitlang abends ein kleines Tagebuch des Dankens. Schreib auf, was dir im Laufe des Tages an Dankenswertem entgegengekommen ist . . . von dem Sonnenlicht über dem Land bis hin zu einem guten Wort, das du erfahren hast, oder auch, daß du selbst einem Menschen gut sein konntest. Vielleicht gibt es sogar die Erfahrung, daß Leidvolles meinem Tag und meinem Leben Gewicht gegeben hat. Und du wirst spüren: Es ist Bejahung da!

Das Letzte und Höchste wäre dann, Gott anzubeten und zu preisen. Preisen in der Not befreit. Aber das möchte ich ganz vorsichtig sagen – denn das ist Geschenk.

Sie sagen, daß die Grundlagen für all dies Ihre Erfahrungen im Elternhaus gewesen sind. Nun hat nicht jeder das Glück einer solchen Kindheit. Ich könnte mir denken, daß einer, der ohne viel Liebe und Zuwendung aufgewachsen ist, um so mehr auf Gottes Liebe angewiesen ist. Sie formulieren es einmal so: „Gott setzt im Leeren an", also da, wo bei uns nichts ist.

Sicher, ich glaube auch, daß Gott alle Psychologie durchstoßen und durchbrechen kann. Das glaube ich wohl. Aber seine Liebe muß doch irgendwie vermittelt werden. Es wird so sein, daß Gott einen Engel schickt, und der nimmt Menschengestalt an. So setzt er im Leeren an – so hat er es getan.

Ein Satz aus Ihrem Buch „Da fragte Jesus ihn" hat mich besonders berührt. Es heißt da von Jesus her: „Du hast deine Bedürftigkeit zu mir hin geöffnet und hast mir vertraut. So konnte meine Kraft in dich einströmen und dich verwandeln."

Das Gebet also als der Ort, wo ich meine Hilflosigkeit, mein Unvermögen nicht zu verstecken brauche. Im normalen Leben, im Beruf, in der Arbeit ist es anders: Da muß ich etwas sein und vorweisen.

Ja, vor Gott kann ich zu dem stehen, was ich bin: zu meiner Schwäche, zu meinem „Schatten", meiner Armseligkeit – das liebt Gott. Gott liebt die Armen, und im tiefsten Sinne sind wir alle arm. Ich erinnere an Luthers letztes Wort: „Wir sind Bettler, das ist wahr." Wir dürfen ganz stark vertrauen, daß Gott gerade dann zu uns steht.

Deshalb liebe ich ein Wort aus Johannes 21 ganz besonders (manchmal denke ich, daß ich dieses Wort gern auf meinem Grabstein hätte): „Als der Morgen dämmerte, stand Jesus am Ufer." Es ist nach Ostern, aber der Herr ist nicht bei seinen Jüngern. Beim Anbruch der Nacht sagt Petrus: „Ich gehe fischen!" Die anderen sagen: „Wir gehen mit!" Doch sie fangen nichts, die Netze bleiben leer. Aber dann füllt er ihre Netze, und sie wissen: Es ist der Herr! Jesus füllt das leere Netz unseres Lebens. Ich muß also nicht mit voller Fracht ankommen, die ich geleistet habe.

Wenn ich meine Selbstbiographie schreiben dürfte – das darf ich nicht und werde es nicht tun –, dann müßte sie den Titel haben: „All das Versäumte". Ich meine all das, was ich versäumt habe zu tun oder zu sagen oder zu sein. Aber dann glauben zu dürfen: Damit muß dein Leben nicht scheitern, sondern du darfst hoffen, daß dennoch das Lebensnetz sich von ihm her füllen wird.

In demselben Vers steht ja auch der Satz: „Aber die Jünger wußten nicht, daß es Jesus war." Selbst die Jünger erkannten ihn nicht. Ich denke, das ist auch unsere Erfahrung, daß wir ihn immer wieder nicht erkennen, weil er anders kommt, als wir dachten – oder weil wir gar nicht mit ihm rechneten.

Ja, er kommt in einer überraschenden Weise. In einer Gestalt, wie wir es nicht erwarten oder vermuten.

Oft sind unsere Tage wohl auch einfach zu hektisch, um Zeit für solche Erfahrungen zu lassen. Ich beneide manchmal Menschen, die – wie Sie hier in einem Seminar – solch einen geordneten Lebensrhythmus haben, feste Zeiten für Gottesdienst und Gebet. Sie sagen, es sei wichtig, ein „stilles Herz" zu haben. Mein Herz ist oft eher wie ein aufgewühltes Meer. Es ist keine glatte, ruhige Oberfläche da, in der sich der Himmel spiegeln könnte.

Ich glaube, daß Menschen, die nicht das Vorrecht haben, in solch fester äußerer Ordnung zu leben, doch zweierlei versuchen sollten: Sie sollten einmal am Tag eine kurze Zeit für das Gebet haben. Ich meine so, daß ich einmal am Tag vor Gott komme, vor Gott zu mir selbst komme. Daß ich da bin vor Gott. „Wandle vor mir, sei ganz!" Daß ich einmal am Tag ausdrücklich innehalte mit der Frage: „Was ist mein Leben, Herr, vor dir?" Sieben Minuten, würde ich sagen, reichen.

Wenn das nicht möglich ist, dann sollte ein kurzes Wort uns begleiten durch den Tag, durch eine Woche oder auch durch einen Monat. Ein Wort wie: „Herr, du kennst mich. Du weißt von mir!" Oder: „Du bist mein Gott, dir atme ich Tag und Nacht."

Aber ich meine, daß auch eine etwas größere Zeit der Besinnung nötig wäre. Dazu ist der Sonntag da, wo ich mich ausdrücklich aufmache: „Ich will dein Antlitz suchen!" Sonst verkümmert unser Leben in bloßer Aktivität, es verliert die Dimension, die Gott selbst ihm gegeben hat: „O Gott, mein Gott bist du, in Sehnsucht suche ich dich."

Darf ich noch einmal zurückgreifen? Sie sprachen davon, wie wichtig es ist, seinen „Schatten" anzunehmen, mit all seinen Unzulänglichkeiten vor Gott zu leben, weil seine Liebe all dies umfängt. Was kann ich aber tun, wenn mein „Schatten" überhandnimmt? Wenn ich nur noch Versagen, Schuld und Unfähigkeit sehe? Was kann ich gegen solche Traurigkeit tun, die mich überfällt?

Sie meinen den Zustand der Depression? Ich würde mit einem Menschen, der darunter leidet, zunächst einmal überlegen, ob sein Leben genügend durchkommt. Ob er sich genug darstellen kann. Ob genug Lebensraum da ist. Ob es eine Möglichkeit gibt, sein Leben mehr auszudrücken. Graf Dürckheim sagt einmal: „Depression ist verhinderte Expression."

Expression – danach würde ich suchen. Das kann schwere, mühsame Arbeit sein, zu der dann auch die Psychotherapie mit beitragen muß, damit ein Mensch zu sich selbst kommt.

Oft kann es aber auch so sein, daß ein Mensch zu sehr auf Vollkommenheit hin ausgerichtet ist. Und da das nicht erreichbar ist, resigniert er. Dann wäre es wichtig, ihm kleine Schritte zu zeigen, sein Leben zur Darstellung zu bringen, und sich damit zu begnügen. Aber den Druck der Leistung und des Erfolgreichsein-Müssens kann nur der von ihm nehmen, der die leeren Netze füllt. Ich denke, es ist lebenswichtig, daß jeder für sich seine Begabung entdeckt, seinen Anruf hört.

Wie kann ich denn „meinen Anruf" hören oder wahrnehmen? Muß ich mich fragen, wo meine natürliche Begabung liegt? Oder muß ich auf die Anforderung der Situation achten, in der ich gerade bin? Kommt der Anruf also von innen oder von außen?

Ich frage meine Gesprächspartner gelegentlich: Unsere Berufung ist, Jesus Christus nachzufolgen. Was denken Sie? Wo könnten Sie von Ihrer Veranlagung und Neigung her sagen: Dies ist ein Wort oder ein Verhalten Jesu, in dieser Spur möchte ich ihm nachfolgen. Deshalb ruft er mich. Das braucht er von mir. Das erwartet er von mir. Das könnte ich einbringen.

Und da bekomme ich fast immer eine Antwort. Ich vermute, da ist zu finden, was man „Charisma", göttliche Begabung, nennt. Und an dieser einen Stelle kann Christus durchkommen.

Das ist eine Begrenzung, aber eine Begrenzung, die mich vor Übermut oder Depression bewahrt. Ich kann leben in der Gewißheit, daß Christus einmal als Mittelpunkt des ganzen Kosmos alles wie ein Licht durchdringen wird, wie eine Kraft, die Liebe ist. Und in die Bewegung auf dies Geschehen hin bin ich einbezogen, da, wo ich meinen Anruf lebe.

Käte Brandt

Das Geheimnis der Lebenserfüllung

KÄTE BRANDT, geboren am 28. März 1912 in Schleusingen/Thüringen, wuchs in Bethel auf. Nach dem Abitur in Bielefeld (1932) ging sie für zwei Jahre an das Seminar für Gemeindehelferinnen (Bibelschule) in Leipzig. Dort schloß sie ihre Ausbildung 1934 mit dem Examen ab. In der Zeit von 1935–48 war Käte Brandt Reisesekretärin der Jugendarbeit für Oberschülerinnen im rheinisch-westfälischen Industriegebiet. Anschließend studierte sie in Bethel, Heidelberg, Zürich und Münster Theologie. Nach dem Examen wurde sie 1953 als Generalsekretärin der MBK-Arbeit nach Bad Salzuflen berufen. (Heute: Missionarisch-biblische Dienste für Jugendliche und Berufstätige.)

Käte Brandt unterrichtete mehr als zwanzig Jahre am Seminar für Gemeindedienst und hatte in den letzten Jahren die Leitung der Gesamtarbeit. 1966 heiratete sie D. Theodor Brandt, Superintendent der lippischen Landeskirche und Kirchengeschichtler. Gemeinsam mit ihrem Mann war sie nach Niederlegung ihrer Arbeit (1973) in der Studentenmission (SMD) engagiert. Bis zum Tod ihres Mannes im Jahre 1981 haben beide in Gremien, auf Tagungen und Konferenzen der SMD mitgearbeitet.

Käte Brandt lebt jetzt im Ruhestand in Bad Salzuflen und konnte sich nun ihren langjährigen Wunsch erfüllen, Länder der dritten Welt kennenzulernen. Sie reiste zweimal längere Zeit nach Sri Lanka und besuchte in diesem Jahr Südafrika. Aber abgesehen von der Faszination und den Problemen dieser Länder gelten ihr Interesse und ihre Liebe dem flachen Land und dem weiten Himmel. England oder Norddeutschland wären ihre Wahlheimat.

F *rau Brandt, auf der Heckscheibe Ihres Wagens steht der Satz: „Es geht kein Mensch über diese Erde, den Gott nicht liebt." Das glauben Sie für sich selbst und für andere. Hat es in Ihrem Leben als Jugendsekretärin, als Pastorin und Dozentin am Seminar auch Zeiten gegeben, wo Sie Mühe hatten mit dem Glauben, wo Zweifel und Anfechtung größer waren als die Zuversicht?*

Ja, das gab es immer wieder. Und das wird es geben, solange ich lebe. Ich erinnere mich an die Zeit als Reisesekretärin; es war in den dreißiger Jahren. Ich sollte Jugendarbeit machen, durfte aber keine Schule betreten, später keine Schüler zu Wochenenden einladen. Die vorhandenen Kreise wurden abgezogen in die Hitlerjugend, und Hitler selbst kreischte durchs Radio: „Ich will den Leuten, die mit Bibelsprüchen faulenzend durchs Land ziehen, das Handwerk legen."
Was sollte ich tun und mit meinem Leben anfangen? Daß Gott zunächst an mir handeln mußte, bevor ich allem standhalten konnte, war ein Trost, der mir nicht so ganz leicht einging, aber wirksam wurde.
Eine andere Anfechtung: Gab es denn für mich überhaupt eine Lebenserfüllung als unverheiratete Frau? Ich fand: Nein! Aber der Mann, auf den ich hoffte, heiratete eine andere. Und die mich mochten, wollte ich nicht. Dann war Krieg. Viele kamen nicht zurück. So blieb ich allein. Einige bedauerten mich: „Ein Jammer, daß du keinen Mann hast! Ich wüßte, wen ich mal so einladen könnte für dich!"
„Es ist nicht gut, daß der Mensch allein sei", steht in der Schöpfungsgeschichte. Aber ich war allein. Und Gott gab mir nicht von heute auf morgen einen Lebensgefährten. Aber er gab mir erfülltes Leben. „Gottes Freunde tröstet nie-

mand als Gott mit sich selber" (Martin Luther), das stimmt, dachte ich. Daß Gott mir dann viel später noch fünfzehn wunderbare Ehejahre geschenkt hat, steht auf einem anderen Blatt. Aber die Ehe war nicht das Geheimnis der Lebenserfüllung, das ist Gott selbst.

Anfechtungen kamen also durch Schwierigkeiten von außen. Gab es auch Anfechtungen von innen?

Es gab schwere Zeiten im Studium, wo Glaube und Gewißheit ins Wanken gerieten. Aber dann gab es auch das Wort Jesu: „Ich habe für dich gebetet, daß dein Glaube nicht aufhöre."

Und es fehlte auch nicht an Zweifeln mitten in der Arbeit des Unterrichtens und Predigens. Ich dachte: „Ich sage da große Worte, aber wo ist denn bei mir Liebe, Friede, Freude und Geduld? Sollte ich nicht lieber schweigen?"

Und was die Leitung der Arbeit anging: „Hatte ich nicht alles falsch gemacht?" Verzweiflung hat ja immer den Zug zum Ganzen. Man fällt flach auf den Teppich: Es war wohl nichts!

In dieser Situation konnte ich mir nicht selbst helfen. Gott rückte sehr fern. Aber dann gab es einen Menschen, der wie ein Engel in meine Dunkelheit hinein sagte: „Du bist Gottes geliebtes Kind." Da war mir schlagartig klar: Gottes Liebe zu mir konnte nichts zerstören. Auch ich selbst nicht.

Glaube und Zuversicht kamen für Sie immer wieder als ein Geschenk von Gott. Ändert sich an diesem Glauben etwas, wenn man älter wird? Beten und glauben Sie jetzt anders als früher?

Ich weiß nicht... aber vielleicht ist es so, daß ich früher mehr über die Sache des Glaubens geredet habe. Das ist jetzt anders. Jetzt steht die Person Jesu selbst für mich stärker im Mittelpunkt. Gebet wird mehr Dank und Anbetung. Der Glaube wird nicht besser, aber er wird weniger kompliziert, er wird einfacher, elementarer. Früher habe ich durchaus das Komplizierte geliebt.

Gibt es in Ihrem jetzigen Lebensabschnitt nach all den Jahren voller Arbeit so etwas wie Gelassenheit?

Mit dem Wort „Gelassenheit" kann ich nicht viel anfangen. Ich habe keine Veranlagung dazu. Vielleicht bin ich auch noch nicht alt genug oder verpasse im Prozeß des Älterwerdens da etwas. Ich denke, Vitalität und Freude passen eher zu mir – ich lasse dann beiseite, was andere von mir erwarten.

Und worüber freuen Sie sich am meisten? Was gibt Ihnen die stärksten Lebensimpulse?

Ich kann mich an der Schönheit der Natur unglaublich freuen. An einem einzelnen Baum zum Beispiel. Oder an dem flachen Land, über dem sich der Himmel wie eine Halbkugel wölbt. Stundenlang könnte ich den Wolken zusehen. Darum liebe ich Norddeutschland so sehr.
Das ist das eine. Das andere sind Menschen. Manchmal bin ich müde. Wenn es dann eine überraschende Begegnung gibt, erfrischt mich das sehr. Ich fühle mich reich und glücklich.
Ähnlich ist es, wenn ich in andere Länder reise, was ich in den letzten drei Jahren seit dem Tod meines Mannes einige Male getan habe. Wenn ich an Sri Lanka oder Südafrika denke: die Schönheit, aber auch die Fremdheit und die Probleme solcher Länder ... das bedeutet mir sehr viel.
Ein Viertes wäre der Umgang mit dem Wort Gottes, das Lesen der Bibel. Ich habe ja mein Leben lang theologisch an Texten gearbeitet. Aber ich meine jetzt das ganz unmittelbare Lesen und Hören. Daß ich das Wort nehmen und essen kann, wie man ein Stück Brot ißt ... wenn Gott es mir gibt. Die Psalmen sind mir besonders nahe. Ich bin immer wieder überrascht, was da für mich bereitliegt und wie ich auch in traurigen Stunden diese Worte einfach mitbeten kann.

Denkt man eigentlich weniger oder mehr an sich selbst, wenn man älter wird?

Weder noch. Man denkt in anderer Weise an sich selbst, aber nicht weniger egoistisch. Ich habe jetzt mehr Zeit. Im Beruf war ich so sehr gefordert, da hab' ich mich selbst oft ausgelassen, nur funktioniert. Ich lebe jetzt bewußter. Aber mein egoistisches Ich werde ich nicht so einfach los. Vielleicht schaffen andere Menschen das besser. Ich habe immer das Gefühl: Dieses Ich läuft mit mir mit, bis ich sterbe. Eine Verklärung im Alter... immer weniger egoistisch, immer reiner, immer vollkommener? Nein, daran glaube ich nicht. Und wenn es so etwas gibt wie Wachstum und Reife, dann kann ich das nicht selbst diagnostizieren. Das einzige, was ich immer tiefer erkenne, ist die eigene Armut. Ich bin immer stärker auf Gott angewiesen. Auch das Versagen ist immer da, von dem man vielleicht denkt, man hätte es nun hinter sich.

Belastet Sie der Gedanke an all das, was Sie nicht getan oder nicht gut getan haben?

O ja! Ich denke, ich muß noch besser lernen, all das, was ich nicht mehr ändern oder wiedergutmachen kann, vor Gott und sein Vergeben hinzulegen. Ich muß das noch entschlossener tun, nichts mitschleppen. Es stehen ja immer wieder die Erinnerungen auf an das, was ich beispielsweise meinem Mann schuldiggeblieben bin. Je näher mir ein Mensch steht, desto mehr Gewicht hat das.
Aber die Zeit ist eine Einbahnstraße, ich kann nicht zurück, nur nach vorn. Aber vor mir ist ja Gott, der mich mit offenen Armen aufnimmt. So – so vorbehaltlos, mit so viel Liebe – möchte ich Menschen aufnehmen. Wenn ich mir eines wünschen könnte, so wäre es, daß ich Menschen – auch schwierige – mehr lieben könnte. Das hat mich in letzter Zeit sehr beschäftigt.

Frau Brandt, Sie haben durch Tagungen, Freizeiten und Besuche auch heute noch immer mit vielen Menschen zu tun. Gibt es für Sie trotzdem das Problem der Einsamkeit? Fühlen Sie sich manchmal einsam?

Ja. Denn nicht jedes Zusammensein mit Menschen hebt die Einsamkeit auf. Man kann gerade mitten zwischen vielen Menschen sehr einsam sein. Man kann manchmal sogar in einer Ehe einsam sein. Ich denke, Einsamkeit wird aufgehoben, wo es Verstehen gibt, Teilen und Teilhaben, das Mit-Lachen und Mit-Weinen.

Ich merke das Alleinsein an ganz einfachen Dingen: Wenn ich ein Stück gehen möchte, dann ist niemand da, der mitgeht. Oder einmal – es war auf der Autobahn kurz vor Kassel, nachdem ich seit dem Tod meines Mannes viele tausend Kilometer allein gefahren war – entdeckte ich wie in einer anderen Dimension, daß der Beifahrersitz leer war. Das hat mich wie ein elektrischer Schlag getroffen: Er ist nicht mehr da. Er, der seine Hand auf meinen Arm legte und sagte: „Sieh mal, das Tal da drüben, wie schön!" Und nun ist niemand da, der sich mitfreut, wenn ich mich freue. Oder der einfach neben mir sitzt; der da ist, wenn ich komme. In die leere Wohnung zu kommen, das ist immer wieder schwer.

Was hilft Ihnen in solchen Zeiten der Einsamkeit?

Es hilft schon, wenn ich einfach einmal weine. Warum eigentlich nicht? Es hilft auch, wenn dann eine Anforderung von außen kommt. Ich mag nicht „geschont" werden. Herausforderungen wecken neue Kräfte. Aber ich kann es auch zulassen, daß ich einfach müde und traurig bin. Das gehört auch zu meinem Leben. Man kann da nichts erzwingen. Und ich weiß, daß Gott meine Tränen sieht.

Und manchmal denke ich: Alleinsein und Einsamkeit können auch etwas Gutes sein. Vor kurzem kam eine Frau zu mir und sagte: „Wie gut, daß du allein bist. Ich möchte mit dir sprechen."

Es ist sicher nicht leicht, immer wieder offen zu sein für neue Menschen und neue Themen und sein Herz immer wieder herzugeben trotz vieler Enttäuschungen. Wie erhält man sich solche Elastizität?

Sie meinen, daß man nicht abschließt, bevor das Leben zu Ende ist? Es ist mir ganz wichtig, nicht festgelegt und fertig zu sein, sondern bereit, immer wieder zu lernen. „Das muß ich noch lernen!" sagte mein Mann gelegentlich, obwohl er älter und erfahrener war als ich.

Diese Bereitschaft und Offenheit sind nicht möglich ohne Übung, ohne daß ich es ernsthaft will. Aber die Kraft dazu ist Geschenk von Gott. Erneuerung kommt von ihm her, und das Neuanfangenkönnen auch. „Ohne mich", sagt Jesus, „könnt ihr nichts tun. Wenn ihr aber in mir bleibt – und ich in euch –, dann bittet, was ihr wollt, und es wird euch widerfahren" (Johannes 15).

Bücher von Hanna Ahrens

Schenk mir einen Regenbogen
88 Seiten. ABCteam-Taschenbuch.
3. Auflage

„Das Buch finde ich bezaubernd, durch und durch ehrlich, voller Humor und Originalität. Hanna Ahrens ist meist allein mit dem großen Haushalt und ihren vier quicklebendigen Kindern, die oft Übermenschliches von ihrer Mutter erwarten (‚Schenk mir einen Regenbogen'). Wie sie sich immer wieder neu ihren Aufgaben stellt, wie sie sich ärgert und freut, einmal verzweifelt, ein anderes Mal geduldig und dann wieder voll sprühender Einfälle ist – das ist nicht nur spannend zu lesen, sondern auch ermutigend für den eigenen täglichen Kleinkram."

Irmela Hofmann

Feste, die vom Himmel fallen
100 Seiten. ABCteam-Geschenkband.
Fester Einband

Liebe Frau Ahrens,
das muß ich Ihnen einfach noch einmal schriftlich sagen: Ich finde Ihr Buch wunderschön! Es erfrischt und erfreut, rüttelt auf und macht nachdenklich und manchmal ein bißchen traurig, weil man sich genau da wiederfindet, wo man die Fehler macht, die man doch niemals machen wollte. Aber es ist eben da, das Alltagsgespenst. Und Sie zeigen einen Weg, wie man es vertreiben kann. Wenn man sich nicht verhärtet, wenn man offen und hellhörig ist für das, worauf es in unserem Leben ankommt, dann merkt man, es ist für jeden von uns greifbar, das Glück.

M. K.

BRUNNEN VERLAG GIESSEN/BASEL

Worte, die den Tag verändern
64 Seiten. ABCteam-Geschenkband.
Fester Einband. 3. Auflage

Das Wesentliche in diesen Geschichten geschieht „innen". Da, wo Gott redet und ich höre. Worte von Gott sind wie Wunder. Sie machen keinen Lärm und erregen kein Aufsehen, aber sie verwandeln mich und meinen Tag. Den ganz gewöhnlichen Tag, der damit anfängt, daß zwei Kinder Grippe haben und das Aquarium undicht ist – die Goldfische also in einem Plastikeimer neben meinem Schreibtisch stehen und Lateinbücher trockengebügelt werden –, und den besonderen Tag: in den Ferien, auf Reisen oder bei Freunden.
Gott redet mit uns, wann und wo es ihm gefällt. Aber daß er es tut! Daß er mich erinnert und fragt, daß er tröstet und Zuversicht schenkt, ist für mich das Unfaßlichste am Leben überhaupt.

Hanna Ahrens

BRUNNEN VERLAG GIESSEN/BASEL